Por qué prefiero ser un narco 2:
Y su prima también

Joaquín Matos

LA DEDICATORIA

Aunque no está escrito para todos, este libro esta dedicado a esos analíticos que se han atrevido a hacer la pregunta, "¿Cómo voy a sobrevivir a pesar de la hostilidad de mi entorno inmediato?"

ÍNDICE DE CONTENIDOS

* Este libro contiene ejemplos de argot, expresiones coloquiales y regionalismos. Hemos incluido un glosario de los términos y expresiones utilizados al final del libro.

RECONOCIMIENTOS

Muchas gracias a todos los que estuvieron en este proyecto. Y no podemos olvidar la población en Venezuela afectada por las crisis, merece mejor. Mis pensamientos y oraciones están con ustedes y sus familias.

1

Basuras como el Pancho deben ser eliminadas. Es la clase de gente que está mejor muerta que viva, pues, ¿quién va a extrañar ahora a ese hijo de puta? Por eso, disfruté a plenitud viéndolo sufrir cuando recordaba su rostro burlándose de mí mientras quemaba mis genitales: ¿ya no se veía tan gracioso cuando le daba con el martillo a los suyos, cierto? Toda esa gente que un día se burló de mí, todos los que alguna vez se aprovecharon de mis adicciones para explotarme, ahora van a lamentarlo; el Pancho fue apenas el inicio, un inicio bastante digno, diría yo, con el que comienza el resurgimiento de Luis Restrepo de las profundidades.

¿Quién iba a imaginar hace un par de meses atrás, mientras estaba sentado en esa silla de tortura contemplando la muerte ante mis ojos, que hoy sería yo el que estaría de este lado, siendo el temido y no quien teme, el que impone su ley y avasalla a todos sus enemigos?

Mis propósitos los tengo bien claros y están plenamente definidos: debo apoderarme de esta ciudad, convertir en sumisos a todos los adictos de este maldito pueblo, y cuando ya los tenga a todos agarrados de las bolas, los pondré a trabajar para mí, los transformaré en mis esclavos; así, poco a poco, como quien funda su empresa desde los cimientos, construiré mi imperio, el imperio de los Restrepo que mi padre no supo hacer, para demostrar, finalmente, que no debemos aceptar las limitaciones que nos impone nuestra ascendencia.

Ese cabrón del Carlos Restrepo, el sujeto que me dio la vida, se pasó su existencia siendo un estúpido empleado, sin riqueza para darle a su hijo y con una esposa que lo abandonó por cobarde. Jamás volveré a repetir su ejemplo, porque yo vine a este mundo para grandes cosas, para ser temido y respetado, para imponer mi autoridad, así como han hecho los grandes hombres del mundo, y no seré la excepción.

[...]

Clara cumplirá su primer añito de vida mañana 5 de mayo del 2016 y apenas faltaban unas horas para que mi princesita, cumpliera este primer aniversario. Un momento así no puede pasar desapercibido y debo demostrarle a mi hija, a mi mujer, a mi suegra y demás conocidos e invitados, lo poderoso que es ahora el nuevo Luis Restrepo.

Organicé una fiesta de cumpleaños en unos de los sitios más exclusivos de la región, una posada ubicada en las montañas de la parte alta de la ciudad. Para mi nena y para los invitados, había de todo lo mejor: whisky, (¿hoy en día, quién es capaz en Venezuela de ofrecer una reunión con escocés?), cerveza, mesoneros, inflables, animación, aperitivos, parrilla y muchas cosas más. Invité a más cien personas, a gente conocida y otra un tanto desconocida, gente a la que odio mucho y otra que odio menos, solo para demostrarles quién era actualmente Luis Restrepo. En medio de la reunión, podía ver en sus rostros el asombro que les causaba ver semejante espectáculo prodigado a una niña tan pequeña; las mujeres que antes ni volteaban a mirarme, hoy me saludaban con fogosidad como si fuéramos amigos de infancia, o como personas que parecían ser un poco más que amigos en secreto. Mientras que a Erika le prohibí beber, puesto que debía estar pendiente de Clara, yo como padre y anfitrión, podía y merecía embriagarme mientras atendía a mis invitados. A eso de las cuatro de la tarde, llegó el payaso de Oliver Matamoros:

—Llevo rato esperándote. Sabes muy bien que dejé la coca en tu casa y no tenía nada para jalarme. ¿Dónde estabas, pequeño hijo de puta?

—Tranquilízate, Luis; estaba visitando a una vieja amiga...

—¿Seguramente te estabas cogiendo otra vieja, enfermo?

—¿Por qué siempre piensas mal de mí? No me respetas ni un ápice, ¿cierto?

—¿Pero, con ese aspecto, quién va a respetarte, Matamoros? Está bien que te drogues, pero no que te la pases dando lástima todo el tiempo.

—Hoy amaneciste con el pie izquierdo, ¿no?

—Jamás. Siempre me levanto con el pie derecho. Dame coca, necesito un pase.

—Aquí, no, allí está tu esposa...

—¡Ay!, ¿ahora le tienes miedo a Erika? ¿Acaso no sabes que quien manda en esa casa, soy yo?

—Sí, pero, Luis, tu hija, los invitados...

—¡Maldita sea, Matamoros!, me saben a culo todos; vamos al baño para que no te sientas mal, pues.

Cuando me dirigí con Oliver Matamoros al baño del salón de fiesta de la posada, de pronto, veo llegar al lugar a Luciana Campos, la prima de Erika, que está más buena que todas; por esa mujer soy capaz de abandonarlo todo, a mi hija, a mi negocio y empezar una nueva vida.

—¡Luciana!, qué placer; mucho gusto, tanto

tiempo sin verte.

—Y tú, Luis Restrepo, ¿cómo estás? ¿Cómo te trata la vida? Veo que bien. Cuéntame, ¿cómo tratas a la prima?

—A la prima, como a una princesa, a mi hija como a una reina, y a la familia de ella, como a diosas. Cuéntame, Luciana, ¿qué te provoca?

—Tú siempre tan caballeroso, Luis Restrepo; pero, ¿dónde está mi nena? Quiero conocerla por fin en persona.

—¿Cuándo llegaste de tu viaje?

—Hace tres días. Estuve seis meses en Madrid, otros seis en Bogotá, y ya quería venir a pasar unos días en casa.

—¿Te vuelves a ir?

—Por supuesto. Tengo un mes de vacaciones y luego debo volver a trabajar a la empresa.

—Yo no entiendo para qué trabajas, Luciana.

—¿Cómo que para qué trabajo? Tengo que comer, ¿no? Debo vivir de algo.

—Las diosas como tú, lo merecen todo y no deben trabajar, no deben moverse, ni hacer nada; ya solo por el hecho de existir, el hombre que esté contigo debe ser capaz de dártelo todo.

—Luis Restrepo, ¡qué lengua tan larga tienes!

—Todo lo que te digo, es en serio.

—Que te escuchara tu mujer…

—¿Y qué me va a decir? ¿Acaso he dicho algo que no sea cierto?

—A propósito, qué casualidad, mira, allí viene.

Cuando volteo, veo a la estúpida de Erika que viene caminando directamente hacia nosotros con la intensión de entorpecer nuestra conversación, sonríe con falsedad y abraza a su prima como si fueran hermanas.

—¡Luciana! —exclama Erika, cuánto tiempo ha pasado, al fin nos vemos—.

—Prima, sí, los años, bueno..., solo uno, pero, para mí, es una eternidad. ¿Cómo estás? ¿Cómo está tu nena? Me muero por conocerla.

—¿La quieres ver? Claro, claro, ven conmigo, ahorita mismo la tengo acostada en el coche.

En un par de segundos, Erika se robó toda la atención de Luciana y se la llevó de mi lado. Entonces, la maldije en silencio por ser tan entrometida, mientras sentía que Oliver Matamoros me halaba del brazo.

—¡Ven!, vamos, te estoy esperando.

Lo seguí hacia al baño, y allí nos esnifamos un par de líneas.

—Esta mierda está buena, es de la dura; ¿es esto lo que estamos vendiendo? —pregunté.

—No, esta es la cocaína pura; nosotros compramos la mercancía pura y la mezclamos para venderla. ¿Te acuerdas del tipo que te hablé? El chamo ese, Farid, él es quien se encarga de todo eso.

—¿Es confiable? No confío en los tipos con

nombres árabes, porque todos resultan ser unos malditos suicidas.

—Tranquilo, tranquilo, el tipo es confiable y, además, ya está debidamente amenazado y advertido, pues sabe que si se pone con vainas cómicas, lo quebramos.

—¿Y lo vas a quebrar tú?

—No, bueno, tú sabes, de eso se encarga el Mamaco y Alirio.

—Por cierto, ¿dónde están esos cabrones? Los mandé a buscar hielo hace una hora, y no han regresado todavía.

—Alirio está afuera con los vigilantes, pendiente de la entrada, pero el Mamaco sí salió.

—Llámalo, por favor, y dile que lo necesito.

—Dale, si va.

—Y, Matamoros…

—¿Sí?

—Ya te dije que, en público, me dijeras "señor".

—Verga, pana, ¿tú me estás hablando en serio?

—¿Acaso usted me ve payasos pintados en la cara?

—Bueno, ya, ya, está bien, "señor".

Hoy en día, la gente no tiene educación; los empleados quieren igualarse con uno y vienen a hablarnos sin respeto, a tratarlo a uno de "usted". ¿Así, cómo puede manejarse una empresa seria y responsable?

Me dirigí a uno de los mesoneros para darle órdenes específicas.

—Oiga, venga acá, ¿ve usted a esa mujer que está allá?

—¿La de vestido verde?

—No, esa no, la pelirroja, de piel bronceada, vestido blanco y rostro hermoso.

—A la de…

—Sí, esa misma, y no me la mire de a mucho, por favor. Su nombre es Luciana; usted se le va a acercar y le va a decir que, Luis Restrepo, lo ha encargado a usted de atenderla toda la noche.

—¿Entonces, quiere que esté pendiente de ella?

—No, no quiero que esté pendiente, solo quiero que esté a su lado y nada más; usted no va a escuchar a otra persona que no sea ella, va a esperar a que ella pida cualquier cosa, y si lo que ella quiere no lo hay, va y lo busca y se lo trae de dónde sea.

—Pero, señor…

—Señor, nada. Simplemente haga lo que le dije, y ya está. Al final de la noche lo recompensaré. Si tiene que irse en taxi hasta Caracas a traerle champán, lo hace, ¿me entiende?

—Sí, señor, está bien.

—Y no olvide decirle que va de parte de Luis Restrepo y que puede pedir todo lo que se le antoje.

[…]

Las mujeres solo buscan dos cosas en esta vida: dinero y seguridad. Salvo las hippies hijas de puta que buscan la paz mundial, las demás, no tienen más pretensiones en la cabeza; solo quieren un marido que les compre carros, joyas, una casa, las lleve de vacaciones a la playa, y que tenga extensiones de tarjetas de crédito con suficiente capacidad para irse de compras a los centros comerciales. Esa es la esencia de una verdadera mujer, y así es como debería funcionar el mundo, puesto que, con toda certeza, las que quieren la paz mundial huelen a mierda y tienen las tetas caídas.

A mí, Luciana me vuelve loco, y no entiendo por qué insiste en esa estupidez de querer seguir trabajando; con el cuerpo y la cara que tiene, debería dedicarse única y exclusivamente a ser cada día más bella, pues mujeres como ella no tienen necesidad de estar matándose la cabeza por nada. En un mundo perfecto, Erika sería la mujer del servicio de mi casa, y Luciana la ama y señora de todo mi patrimonio; pero como el destino no ha querido que fuera así, yo he venido precisamente a este mundo a desviar el rumbo de esa fatalidad.

[…]

Con Whisky 18 años para mis invitados, es así como se atiende a la gente de verdad. Quienes apenas reparten cervezas y ron, no tienen gusto para la vida.

−¡Mesonero! −le grito al cabrón que debía estar al

tanto de Luciana.

—¿Sí, señor?

—¿Cómo va la señorita?

—Todo en orden, señor.

—¿Todo en orden? ¿Ha estado bebiendo?

—Solo se tomó una copa de vino.

—¿Una maldita copa de vino? ¿No te dije que estuvieras pendiente de ella?

—Sí, señor, pero no ha pedido nada más.

—¿No ha pedido? ¿Y acaso tienes que esperar a que te pidan? ¿Para qué te contrato? ¿Para esperar a que te den órdenes o para estar pendiente de la gente? Si no ha pedido, lleva la botella a la mesa y le vuelves a servir otro trago, maldito inútil.

Sí, señor, lo lamento.

¡Maldita sea!, ¿serán todos estos mesoneros de cuarta tan mediocres? No son capaces ni de embriagar a una mujer.

—¡Luis!, ¡Luis! —me dice Erika.

¡Mierda!, ¿ahora qué querrá?

—¿Qué pasa?

—Vamos a cantarle el cumpleaños a la niña.

—¿Cómo que a cantarle el cumpleaños?

—Pues, claro, le tenemos una torta, y hay que cantarle el cumpleaños para partirla.

—Pero, la niña ni siquiera puede soplar.

—Dios mío, Luis, ¿cuándo te convertiste en alguien tan amargado? En todas las fiestas de niños se parten tortas, en las de adultos también.

—Pues, bien, ¿cuál es la idea, si Clara no puede soplar?

—¡Mierda, Luis!, le cantaremos el cumpleaños a tu hija. Si tú quieres, vas, o si no, también.

No lo entiendo, ¿cuál es esa estupidez de cantarle el cumpleaños a una niña que ni siquiera va a recordarlo? Diablos, necesito otro pase, estas fiestas estúpidas son insoportables, que si no fuera por Luciana, ya me hubiese ido.

[...]

—Cumpleaños feliz, te deseamos a ti, cumpleaños Clara...

Aprovecho la ocasión para escabullirme hacia el baño en donde esnifo otra línea de cocaína que logra calmarme; luego, cuando salgo y tomo un trago de whisky, siento que me hace falta Luciana, que la necesito ahora.

Camino hacia donde se encuentra ella con su vestido blanco exhibiendo esas piernas voluptuosas.

—¿Cómo la has pasado, Luciana? —le pregunto a la prima de mi mujer.

—Bien, excelente, salvo que uno de los mesoneros está empeñado en servirme trago a cada segundo, y yo no estoy acostumbrada a beber tanto.

—Él solo intenta brindarte una buena atención.

—Pues, sí, pero podría no ser tan intenso, ¿sabes?

—¿Qué harás después de salir de aquí?

—Me iré a casa.

—¿No quieres salir conmigo?

—¿Erika irá con nosotros?

—¿Erika? ¡No!, nada que ver; Erika debe quedarse cuidando a Clara.

—¡Ay, Luis Restrepo!, ¿de verdad piensas que saldré sola con el hombre de mi prima?

—¿Cuál es el problema?

—¡Dios mío!, de verdad me cuesta creer que seas tan cínico.

—No sé qué significa eso.

—¿De verdad? Pues no me extraña.

—¿Entonces, salimos?

—¿De verdad? ¿Eso fue lo que entendiste? Si no comprendes bien el español, al menos deberías aprender a leer el lenguaje corporal.

—Vámonos a Los Roques, o te llevo a donde tú quieras.

—¡Luis Restrepo!, me voy, y agradece que no pienso decirle nada de esto a Erika, que estés bien.

—¡Espera!, ¡Espera!

¡Suelta mi brazo!, por favor.

¡Vas a ser mía!, lo vas a ver.

Y así, nada más, se marchó la muy hija de puta. Pero, ¿qué se estará creyendo? ¿Qué acaso no tengo suficiente dinero para estar conmigo? Ya verá. Al final, todos terminan cayendo en algún momento en las manos de Luis Restrepo. Este es mi mundo, y no tardarán en descubrirlo.

[...]

Agarro a Erika del brazo, pues el alcohol ha empezado a enloquecerme y siento que mi pene necesita ser atendido.

—¡Ven!, vamos al baño, quiero hacértelo ya —le digo.

—¡Luis!, ¿qué te pasa? ¿Acaso has perdido la razón? Allí está la niña y todos los invitados, y no podemos perdernos así nomás.

—¿Por qué no? ¿Quién lo dice? Tengo ganas de ti, ven.

—¡Luis, pero si estás todo borracho!

—¿Y, qué pasa? Si quiero a mi mujer, ¿no puedo tenerla acaso? ¿O quieres que haga un espectáculo?

—Luis...

—¿Necesito hacer un espectáculo?

—Está bien, vamos.

Llevé rápido a Erika de la mano hasta el baño y le pedí a uno de los estúpidos mesoneros que cuidara la puerta. Al ingresar, cerramos, me bajé los pantalones y la agaché de inmediato para metérselo en la boca.

—Sí, sí, Erika, dale, dale, te lo voy a echar en la boca.

[...]

—Ha llegado el Mamaco —me dice Oliver Matamoros.

—¿Dónde está el hijo de puta ese?

—Está afuera fumándose un cigarro con Alirio.

—Ya voy para allá.

Observo el reloj y me percato de que ya son las nueve de la noche. Espero que esta gente empiece a irse pronto de aquí, pues ya no soporto más ver sus estúpidas caras…, desde que Luciana se fue, esta fiesta perdió todo sentido para mí.

—¡Mamaco!, ¿dónde coños estabas?

—Ay, jefecito, me fui a buscarle el hielo, y cuando se acabó el whisky, tuve que ir por unas cajas que me pidió su mujer; imagínese, entre una vuelta y otra, se me pasó toda la tarde.

—¿Whisky? ¿Hielo? ¿Y si llega un maldito a dispararme, quién me va a defender? ¿El whisky?

—Lo siento, jefecito, pero yo solo cumplía órdenes de su mujer.

—Pues quien te paga soy yo, y no ella. Alístate que esta noche vamos a comprar una carga.

—¿Hoy? Pensé que había dicho que mañana.

—No, hoy mismo; viene una carga de Cúcuta, y tenemos que ir hasta San Antonio porque la van a pasar por las trochas en la madrugada.

—¡Oiga, jefecito!, ¿y quienes vamos a eso?

—Pues vamos todos, tú, Alirio y Matamoros. Así que en diez minutos empieza a despachar la gente y di que la fiesta se acabó; luego apagas la música, y que los mesoneros no sirvan más licor.

—De acuerdo, jefecito.

–Y, Mamaco…

–¿Sí?

–Dile a Matamoros que busque más cocaína que se me acabó, porque la necesito para el viaje.

–Lo que usted mande, jefecito.

[…]

El secreto de este negocio es comprar cargamentos cada vez más grandes y vender a pequeños distribuidores, porque así se sacan mejores números y se obtienen mayores ganancias. Pero para que lleguemos a controlar una cantidad tan grande que seamos nosotros mismos todos los puntos de distribución, necesito una red de operaciones más amplia, porque con los ineptos que tengo ahora, todavía no es suficiente; además, uno no puede aflojarle tanto dinero, ni depositar tanta confianza en un solo hombre, porque empieza a creer que puede armar solo su propio negocio por aparte.

Fui a despedirme de Erika y le dije que tenía que trabajar:

–¿Trabajar? ¿Tan tarde? –me preguntó.

–¿Y es que tú crees que el trabajo y el dinero tienen una hora de salida o de llegada? Se hace cuando se tenga que hacer, y punto.

Ella no dijo nada y tuvo suerte de que no la hubiese vaciado con más explicaciones. Fui a darle un beso en la frente a Clara y salí de esa maldita fiesta que solo me había dejado con unas ganas enormes de cogerme a Luciana.

—¡Mamaco!

—¿Sí, señor?

—¿Llevan la droga?

—Sí, jefecito, Matamoros quedó en traerla.

—Perfecto, ¿y de tomar? Se me antoja un guaro.

—Eso se lo buscamos, jefecito, usted no se preocupe.

A los minutos, llegó Alirio y, como siempre, de último, Oliver Matamoros.

—¿Qué hacías? ¿Metiéndole el huevo a una vieja?

—¿Ya puedo llamarte por tu nombre? ¿O sigues siendo mi "jefe"?

—Siempre seré tu jefe, Matamoros. A ver, muévalo, sírvame un pase y súbase que tenemos una mercancía que controlar.

—¿La vamos a traer toda en el carro?

—Por supuesto, ¿dónde más? La traeremos en el maletero.

—¿Cuánto es?

—¿Para qué quieres saber? ¿Vas a echar el dato?

—¡Por Dios, Luis!, estás muy paranoico últimamente.

—Paranoico, no; yo diría más bien, consciente. ¿O crees que por que me la paso cayéndome a pases, no estoy consciente?

—Yo nunca he dicho lo contrario.

—Son veinticinco kilos. Vienen en dos maletas.

—¡Verga!

—¿Qué?

—Nada, no he dicho nada.

Finalmente, subimos al carro e iniciamos el viaje a San Antonio. Es fin de semana, cuando la ciudad anda un poco alborotada y la gente empieza a emborracharse para olvidarse de la mierda del país en que viven. Tomamos la avenida Carabobo, avanzamos hasta llegar al Mirador, y desde allí, cogemos la carretera que nos llevará hasta la frontera con Colombia. En el trayecto, pasamos Zorca, Capacho, y luego empezamos a descender la montaña hasta "Peracal", ese antiguo puesto de control que luego de que cerraran la frontera, pasó a convertirse en un punto álgido de tráfico y foco de corrupción. Los guardias solo están allí esperando a que vaya gente como nosotros, personas dispuestas a hacer negocios ilegales en la frontera y a darles lo suyo para dejarnos trabajar.

El camino se hacía extenso y sentía un poco de ansiedad. En muy poco tiempo ya había comenzado a controlar cantidades de droga cada vez más grandes, y era mucho el dinero en dólares que llevaba conmigo, porque los bolívares en Colombia ya no servían para nada.

—Oiga, jefecito, ¿y qué le parece si cruzamos la frontera y nos cogemos unas cucuteñas? —dice el Mamaco.

—¿Unas cucuteñas? Mamaco, si Cúcuta se plagó de putas, pero putas venezolanas, y ahora todo es al revés. Toda la mierda se está pasando para aquel lado, porque allí es donde está el billete.

—Pero, Matamoros me echó unos cuentos que…

—Bueno, como todo, aquí quedan algunas como la vieja Sofía que siempre tiene buena mercancía y podríamos visitarla cuando regresemos.

—¡Uy, sí!, si paga, porque yo cargo un queso que ni le digo.

Mientras seguimos recorriendo la oscura carretera hacia el otro lado de la frontera, se me viene a la memoria el recuerdo de hace un par de años cuando venía a Cúcuta con mi viejo a comprar vainas para revenderlas; hoy, no es que sea muy diferente, sino que esta vez es droga la que cargamos encima, y como de costumbre, vemos cómo en el punto de "Peracal" se aglomeran los guardias que nos hacen señas para que nos detengamos.

—¿Qué hacemos, jefe? —pregunta Alirio, ¿nos detenemos?

—¡Claro, claro!, detente, que igual todavía no llevamos nada.

—¿Y si nos preguntan a dónde vamos?

—Pues diles que a San Antonio, que tenemos familia allá.

—De acuerdo.

Lentamente, Alirio empezó a disminuir la

velocidad, mientras un gordo con un poco de insignias en su hombro se acerca al auto y mira por la ventanilla con sigilo.

—Señores, pueden prender la luz interna, por favor —dice el guardia.

—Por supuesto, amigo —responde Alirio, y enciende la luz interna del vehículo—.

—¿Hacia dónde se dirigen? —pregunta el guardia.

—A San Antonio —respondo yo.

—¿San Antonio? ¿Es más que obvio, no?

—Podríamos dirigirnos a Ureña, señor.

—¿Qué asuntos tienen pendientes un viernes por la noche en San Antonio, señores?

—Una fies… —iba a decir, cuando el guardia me corta—.

—Disculpe, señor, ¿es que acaso el conductor del vehículo no puede hablar?

—Adelante, respóndele, Alirio.

—¿Pueden bajar del vehículo, por favor? —dice el guardia aprovechándose del maldito uniforme.

—¿Es realmente necesario? —pregunto.

—Bajen del vehículo, señores.

Cuando Alirio abre la puerta del auto, Oliver Matamoros se ve pálido, mientras el Mamaco tiene cara de que en cualquier momento podría sacar la pistola y meterle un tiro al guardia; después de que todos se bajan del auto, yo soy el último en descender.

—¿Vienen consumiendo alcohol? —pregunta el

guardia.

—Nosotros, sí, el conductor, no.

Yo intentaba explicarle que veníamos de una fiesta en San Cristóbal, y que nos dirigíamos a casa de unos familiares en San Antonio.

—A ver, el conductor, permítame su cédula de identidad, y todos ustedes también.

De pronto, empiezan a llegar otros guardias que salen de la pequeña caseta. Ahora ya son otros tres los que se suman al superior y hemos quedado igualados en número. Aunque todos sacamos nuestras cédulas de identidad y las presentamos al guardia, —quien empieza a mirar nuestros nombres y a verificar los datos, como si mediante nuestros números ciudadanos pudiese constatar si somos delincuentes o no—, yo en el fondo sabía que lo único que quería este gran hijo de las mil putas es que le diéramos plata para irse a dormir contento. Pero conmigo no lo va a lograr.

—Conductor, usted, Alirio Martínez, ¿ha consumido alcohol? —pregunta rebotado el guardia.

—¡No, señor!

—¿Seguro?

—Sí, señor.

—Camine en línea recta cincuenta metros.

Entonces, tal como el guardia se lo había pedido, Alirio comenzó a caminar en línea recta sin mayores dificultades; afortunadamente, no se tambaleó ni un solo momento, y fue y volvió ante la mirada incrédula de los uniformados.

—¿Han consumido drogas? —pregunta dirigiéndose a todos, pero fijando la mirada en Alirio.

—No, señor —dice Alirio.

—¿Y, los demás?

—¡No, señor! —acoté yo.

—¿Tiene licencia de conducir? —le pregunta a Alirio.

—Por supuesto, señor.

—Enséñemela, por favor.

Contra todo prejuicio, yo que pensaba que este hijo de puta gamín no cargaba papeles, Alirio se metió las manos en los bolsillos, sacó su billetera y, rápidamente, le presentó su licencia de conducir.

—Ahí tiene, oficial.

—Está bien, está bien, guárdela. ¿Y los otros dos, no tienen lengua? —pregunta refiriéndose al Mamaco y a Matamoros.

—Lo siento, para qué le digo mentiras, —dice el Mamaco—, pero yo no me la llevo muy bien con la autoridad; por eso prefiero quedarme callado para no armar un escándalo. Tranquilo, papá, todo bien, yo ando sano —agregó.

—¡Ah!, ¿entonces no le gusta la autoridad?

—Lo que no me gusta es cómo se comportan

quienes la ejercen, ¿ustedes están aquí para proteger, o para delinquir?

—¡Mamaco, silencio! —le grito.

—Jefferson Escalante, ¿cómo es que le dicen? ¿Mamaco? ¿Tiene usted muchas agallas, hombre?

—Tranquilo, ya le dije, cero rollo, haga su trabajo, oficial.

—Yo soy un guardia. Yo soy la autoridad.

—Pero la autoridad no debe estar repitiendo cada dos segundos que lo es. ¿Cuándo ha escuchado a un papá tener que decirle cada minuto a su hijo que él es el papá para que le haga caso?

—¡Mamaco!, ¡ya basta! —le dije.

—Hombre, mejor guárdenme a este en el carro, antes de que me lo lleve detenido —dijo el guardia.

—Muchas gracias, oficial, es usted muy comprensivo —dijo el Mamaco, y fue y se metió dentro del carro.

—A ver, ¿llevan drogas? ¿Han estado consumiendo?

—No, señor —le respondí de nuevo.

—¿Y este, por qué va tan callado? ¿Otro arrechito? —dijo, refiriéndose a Matamoros—.

—No, no señor, para nada. Solamente tengo un poco de mareo; usted sabe, la carretera…

El guardia se acercó y empezó a oler a Oliver Matamoros, pegó su nariz a la boca, y empezó a rodearla como un depredador merodea a su presa.

–Usted lo que está es borracho –concluyó el guardia.

–También. Pero eso no es un delito, ¿o sí? –preguntó Oliver Matamoros.

–Depende. Si lo que usted lleva encima es otro tipo de borrachera, y si le encuentro lo que lo puso así, a lo mejor lo convierta en un delito.

–¡Jueputa! –pensé, ¿dónde cargará la droga este cabrón?

–Regístreme, si quiere, pues no tengo nada que esconder; pero solo le voy a pedir que tenga cuidado, pues no quisiera tener que vomitarle encima.

–¿Me está amenazando? –preguntó el guardia.

–No, señor, todo lo contrario. Más bien se lo digo para prevenirlo porque lo respeto y no quisiera tener ese incidente con usted.

–Está bien, no hay problema, vuelva usted también al auto.

Cuando el guardia mandó a Oliver Matamoros a subir al auto, respiré aliviado de nuevo.

–Y, ustedes dos…

–¿Sí?

–¿Qué familia tienen por acá? Nunca los había visto.

–¡Ah!, es que venimos poco, la verdad, usted sabe, son de esos primos lejanos que uno apenas ve una vez al año.

–¿Qué apellido son?

—Los Méndez, ¿los conoce?

—Yo no veo ningún Méndez en su cédula.

—¡Ah!, es que es el segundo apellido materno.

—¿Van a quedarse a dormir allá? ¿O piensan volver todos borrachos?

—Amigo, lo que nos depare la noche. Si hay posada, no hay necesidad de volver. Ya veremos.

—Está bien, tengan cuidado. Alirio Martínez...

—¿Sí, señor?

—Aquí tiene su cédula de identidad.

—¡Oliver Matamoros! —dice en voz alta.

—Aquí, en el carro. —El guardia se acerca al vehículo—.

—Aquí tiene su cédula.

—Jefferson Escalante, ¿dónde está el problemático?

En ese momento nadie dijo nada y, por un instante, un profundo silencio invadió el entorno. Cuando parecía que los subordinados del guardia esperaban a que este les diera instrucciones para entrar en acción, este tampoco dijo nada y, sencillamente, se dio media vuelta, caminó hasta el carro y se dirigió al Mamaco diciéndole:

—Tenga cuidado con la autoridad, amigo, pues no todos son tan comprensibles como yo; hoy corrió con la suerte de que mi hija está cumpliendo veinte años y me cogió de buen humor, pero le recuerdo que mi hija no cumple veinte años todos los días...

—Gracias —dijo el Mamaco con hipocresía.

—Y, por último, Luis Restrepo.

—Soy yo, señor.

—¿Usted es quien dirige a esta manada?

—No, señor, solo somos amigos. Como le dije, venimos a una fiesta.

—¿Entonces, por qué es usted siempre el que habla y da las órdenes? ¿Usted cree que yo no me doy cuenta? En nuestro oficio lo sabemos muy bien porque nosotros nos pasamos la vida obedeciendo.

—Es pura casualidad, amigo.

—Vaya con cuidado, señor Luis Restrepo. Los estaremos vigilando.

—No se preocupe, y gracias por la atención.

Dicho eso, comencé a caminar para subir al carro y pude al fin respirar con tranquilidad; milagrosamente, a este tipo no se le había ocurrido revisar si habían armas en el carro o rastrear algún indicio de droga; quizás la actitud del Mamaco había apaciguado o disuadido al guardia, no lo sé.

—¡Luis Restrepo!

Ahí viene otra vez…

—¿Sí, señor?

—Su cédula de identidad.

—Cierto, muy cierto, gracias, amigo. Hasta luego y que pase buenas noches.

—Igualmente, señor, igualmente.

[…]

Después de haber pasado el punto de control, ya estábamos más cerca de lograr nuestro cometido. Pero ahora que ya sabíamos lo que nos esperaba con estos guardias, algo se nos tendría que ocurrir para planear la forma de evadirlos de regreso, o, tal vez… ¿deberíamos esperar hasta mañana?

Agarro mi teléfono celular y empiezo a marcarle a José Pasto, pero el teléfono me suena apagado en un par de ocasiones. José Pasto es el tipo que contacté gracias a Oliver Matamoros para enviarnos la droga desde Cali. La cadena de este negocio es más compleja de lo que muchos piensan: hay productores, vendedores y revendedores, compradores, intermediarios, distribuidores, transportadores, comisionistas, receptores…, y todos comen del mismo producto.

—¡Coño e la madre! —grito.

—¿Qué pasó? —pregunta Oliver Matamoros.

—Ese pote de teléfono me suena apagado —le respondí.

—Ten paciencia —dijo Matamoros, porque tú sabes que la señal es medio floja en algunas zonas de la frontera y quizás es que están empezando a cruzar.

—Más vale que se apuren, pues no me gusta andar por aquí con tanto billete encima.

Seguimos nuestro camino, y avanzamos hasta

penetrar en San Antonio.

—¿Tú sabes dónde es el punto de encuentro? —le pregunto a Oliver Matamoros una vez más.

—Debemos seguir camino a Ureña.

—¿A Ureña? —pregunté.

—Sí, por Tienditas. José Pasto tiene un pequeño galpón allí, y quedamos de encontrarnos en ese lugar.

—¿Entonces?, ¿hacia dónde me dirijo? —pregunta Alirio.

—Dale hacia donde dice Matamoros; maneja siempre camino a San Antonio y que él te vaya indicando. ¿Tienes bien la dirección, cierto? —pregunto a Oliver Matamoros.

—Sí, tranquilo, Ureña no es que sea un lugar muy grande, ahí llegamos.

Alirio siguió conduciendo por la avenida principal de San Antonio, una ciudad pujante que antaño vivía agitada por el ritmo convulsionado de una frontera abierta, pero que hoy en día, luego del cierre, parecía más bien un pueblo fantasma.

Solo quienes vivimos inmersos en los negocios turbios de los bajos mundos, sabemos la cantidad de dinero que se mueve en esta calurosa localidad fronteriza: drogas, combustibles, textiles, alimentos, materias primas, medicamentos…, todo se moviliza por la frontera, las mercancías van y vienen de un lugar a otro donde se consiguen compradores a mayores precios según las necesidades del mercado local y la fortaleza en el cambio de la moneda. Es fácil hacer negocios en la frontera, y las autoridades no se inmiscuyen en los asuntos, siempre y cuando sean debidamente sobornadas.

En cuestión de minutos, luego de haber dejado atrás a San Antonio, llegamos a Tienditas en donde Oliver Matamoros comenzó a agudizar la mirada tratando de ubicar bien el punto de encuentro que habíamos pactado.

—¿Qué pasa? ¿No recuerdas? —le pregunto.

—¡Coño!, es que todas estas casas, todas estas calles son igualitas, yo pensaba que…

—¡Mierda, chamo, tú…!

Empieza a vibrar mi teléfono.

—Te salvaste, porque mi teléfono empezó a vibrar; ojalá sea tu control, de lo contrario…

Atiendo la llamada.

—¡Aló!

—José Pasto al teléfono, ¿quién habla?

—Luis Restrepo. En este momento lo estaba llamando…

—Quedamos de encontrarnos en el punto de control. ¿Dónde está? —me pregunta con voz ofuscada y amenazante.

—En Tienditas —le respondo.

—¿Y entonces, por qué no ha llegado? Llevamos rato esperándolo.

—Es que el imbécil de Matamoros no sabe bien cuál es el lugar, por eso lo estaba llamando.

—¡Parcero, aquí no estamos jugando!, esto es un negocio muy serio.

—Y yo, soy un varón, y tampoco ando jugando; solo dígame cómo llegar, y le caigo en menos de cinco minutos.

—Le envío la ubicación por WhatsApp, y luego de que lleguen, le agradezco que borre la conversación.

—No hay ningún problema.

—Lo espero en diez minutos.

—En menos tiempo estaré allí.

Cuelgo el teléfono.

—¡Imbécil!, debías saber cómo llegar —le recrimino a Oliver Matamoros.

—Yo pensaba que…

—Yo pensaba, yo pensaba un coño…, pues no es un asunto de pensar, sino de saber.

—¿Hacia dónde? —pregunta Alirio.

—Ya va, ya va, que quedaron de enviarme la dirección.

Mi teléfono vuelve a sonar y al revisarlo, me percato de que me han enviado la ubicación acompañada de un texto donde tratan de explicarme las características del lugar.

—Alirio, en la próxima entrada cruza a mano izquierda y luego de encontrarte con una casa amarilla con grafitis de Maduro, sigues por ahí y vuelves a cruzar a mano izquierda por donde verás una "Y" con un camino de tierra; toma ese sendero hasta final y allí, en ese lugar, deberemos encontrarnos con los carros de José Pasto.

Mientras seguimos avanzando entre la oscuridad de las calles fronterizas, no se ve un alma en las afueras del pueblo; parecía que todo el mundo se hubiera resguardado bajo techo de la delincuencia y los narcotraficantes, a la espera de que el sol les brindara la oportunidad segura de salir a trabajar de nuevo. El camino de tierra se prolongó un poco más de lo esperado, pero en cuestión de minutos, al fin nos topamos con la Toyota plateada de José Pasto.

—Ahí es, ahí es, estaciónate a un lado.

Llegamos a un pequeño galpón metido en la oscuridad de las calles de Ureña; allí, junto a la Toyota plateada, había otra camioneta Chevrolet sin placas, dos hombres con armas largas, y los demás sujetos alrededor.

—¿Tendremos problemas? —le pregunto a Oliver Matamoros.

—No, no los tendremos, pero ellos siempre están vigilados.

—¿Cuál es José Pasto? —pregunto.

—El de camisa blanca, cabello churco y baja estatura.

—¿El que parece un vallenatero frustrado?

—Ese mismo.

—Mamaco, tú te bajas conmigo y ten el arma cargada por si se presenta algún inconveniente.

—De acuerdo, jefe, no se preocupe, yo le cubro las espaldas.

Cuando Alirio estacionó el auto a un lado, de inmediato se acercaron los dos sujetos con armas largas.

—¿Luis Restrepo? —dijo en voz alta uno de ellos.

—Soy yo.

Cuando se acercó el primero de ellos y me fue a poner las manos encima, yo reaccioné se inmediato.

—¡Epa! —grité.

—Es una rutina de requisa por seguridad, amigo. ¿Traen armas?

—Mi guardaespaldas trae una.

—Se la quitaremos por precaución.

—¡Esperen!, ¡esperen!, ¿por qué tengo que darles mi arma? ¿Quién me asegura que…?

—Escuche, parcero: a José Pasto no le interesa matarlos, quitarles su dinero o eliminarlos; a él solo le interesa seguir teniendo compradores, y esto lo hacemos tanto por su seguridad, como por la nuestra; naturalmente, les superamos en número y en caso de algún enfrentamiento, los mataríamos a todos en menos de un minuto.

—Mamaco, hazle caso a los señores.

Los sujetos empezaron a requisar al Mamaco y él mismo se sacó el arma de la cintura y se las entregó en las manos.

—Espero volver a verla al salir de aquí —le dijo con tono desafiante.

—Tranquilo. No más termine la operación, se la devolveremos.

Ese hijueputa de Mamaco si tiene bolas —pensé—; todavía le están quitando el arma, y aun así es capaz de dirigirse en forma desafiante a un par de hombres armados. Después de la requisa, nos escoltaron hacia el galpón al cual había ingresado José Pasto luego de nuestro arribo; el sitio era un depósito amplio iluminado con luces blancas, lleno de cajas con mercancía y un buen número de hombres armados de aspecto desagradable.

—¡Luis Restrepo! —grita el sujeto a quién Oliver Matamoros me había señalado como José Pasto—. ¡Qué placer verlo en esta tierra!

—Mucho gusto, José Pasto; por fin nos conocemos en persona.

—¡Oiga, hombre!, deje la desconfianza y venga para acá; si usted hace negocios conmigo, entonces somos parceros, ¿quiere un guaro?

—Se lo recibo, con mucho gusto, pues venimos de fiesta y sería un placer continuarla.

—Así me gustan los hombres de negocios. Atalaya, sírvale un trago a este parcerito.

El hombre al que José Pasto llamó Atalaya, fue de inmediato a una pequeña mesa llena de vasos y aguardiente, y me sirvió un trago.

–Sírvale también un trago a su acompañante –agregó José Pasto–. ¿Cómo es su nombre?

–A mí me dicen el Mamaco –respondió mi amigo con su tono desafiante.

–Sírvale, entonces, un trago al Mamaco.

Mientras Atalaya llegó con los dos tragos, otro de los hombres trajo un par de sillas plásticas en las cuales tomamos asiento.

–Amigo, mío, entonces, ¿qué puedo ofrecerle? Matamoros es un amigo de fiestas, y lo conocí hace un par de años mientras vivía en San Cristóbal.

–Bueno, necesito buena mercancía, ahora que estoy abasteciendo el mercado en la ciudad.

–¿Qué tipo de mercancía?

–Cocaína de la buena, básicamente eso. No me he atrevido a moverme a otros rubros, pues mis clientes son los que ingieren esa droga en particular.

–Por supuesto, el mercado de los marihuaneros es totalmente diferente.

–La marihuana es para los maricas.

–No crea, Luis Restrepo. La marihuana es un mercado muy grande, más grande que el de la cocaína, aunque, claro, es una mercancía que ocupa mayor espacio, su precio es más bajo y su ganancia también es menor. Sin embargo, no deja de ser un buen negocio.

–Bueno, yo por el momento, estoy dedicado al

tráfico de cocaína, es lo que hasta ahora me ha dado resultado.

—¿De cuánto estamos hablando?

—Traigo veinte mil dólares en efectivo.

—Con esa cantidad de dinero no habrá problema, pero cuando empieces a transportar cantidades más grandes, deberemos buscar otras formas de negociar.

—¿A qué te refieres? —pregunté.

—Por política, no me gusta cargar a través de la frontera con más de cincuenta mil dólares en efectivo; aquí en Venezuela no es seguro cargar tanta plata porque hay muchos buitres.

—¿Y en Colombia es mejor? —pregunté.

—Digamos que es más fácil, pues la guardia y el ejército de aquel lado no están metidos en el negocio como aquí. Pero, bueno, luego seguimos hablando de las cantidades y el dinero, porque ahora quiero hablar de otra cosa.

—¿Qué sucede?

—Hablemos de negocios a nivel estructural. Necesito una representación en Venezuela, alguien que forme parte de la organización.

—¿Y dónde entro yo, allí?

—Veo que estás empezando y estás dispuesto a meterte a fondo, tienes buena actitud, y yo estoy cansado de un hijo de puta que se la pasa entrometiéndose en mis cosas.

—¿Y quién es ese sujeto?

—La pregunta no es quién, sino quienes.

—¿Quiénes son?

—Costello y su familia, ¿los conoces?

Al escuchar el nombre de Costello, se me estremeció todo el cuerpo. ¿Sabrá este tipo que matamos al Pancho? ¿No será todo esto una trampa?

—¡Claro!, por supuesto que lo conozco; él me abastecía de droga cuando era tan solo un adicto.

—Luis Restrepo, sabes muy bien que la adicción no se la lleva bien con el negocio; hay que gozarse a las viejas, coger, y emborracharse, pero no hacerse esclavo de la droga.

—Lo sé, lo sé…

—Costello es una piedra en el zapato, pues sus primos Kevin y John tienen acaparado todo el mercado en Cúcuta. ¿Usted sabe qué tenemos que hacer para generar más billete?

—¿Qué? —pregunto ingenuamente.

—Deshacernos de esas plagas.

—¿Entregarlos?

—No. Eso es inútil. Uno los entrega, e igual siguen mandando desde la cárcel; entonces, es por eso que hay que bajarlos a todos, matar a los guardaespaldas, los distribuidores, los perros de caza, los sirvientes y, por supuesto, a ellos mismos.

—¿Quiere usted iniciar una guerra?

—¡No!, una guerra es cuando dos partes luchan

prolongadamente. Yo lo que quiero es exterminarlos de inmediato sin que ni siquiera tengan tiempo de reaccionar, de luchar, ni darse cuenta.

—¿Y cómo lo vamos a hacer? —pregunté.

—¿Puedo confiar en usted?

—Por supuesto.

—¿Quiere estar de mi lado?

—Sí.

—Parcero, cerremos primero esta negociación, y dejemos que pase el tiempo a ver cómo se desarrolla todo esto; cuando volvamos a hablar, seguimos conversando de ese asunto.

—Pero, ¿cómo sé yo…?

—Parcero, mire, las cosas son muy simples: si de aquí a un par de meses Costello no se ha enterado de nada, quiere decir que puedo confiar en usted; ahora, si en ese tiempo recibo un ataque, quiere decir que usted lo alertó, y yo me veré obligado a contraatacar y a deshacerme de usted en primer lugar. El tiempo de Dios es perfecto.

—Yo no lo voy a traicionar, porque yo también odio a ese hijo de puta.

—Dejemos, entonces, que sea el tiempo quien hable. ¿Dónde trae el dinero?

—Lo tengo en el carro.

—Atalaya, saque el dinero del auto y tráigalo para que Juan Pablo lo cuente.

–Mamaco, acompañe al señor y les entrega el dinero en las manos –ordené.

–Cuando verifiquemos que la suma está completa, le pondremos la mercancía en su auto, así que no tiene de qué preocuparse porque, a partir de ahora, somos socios comerciales.

–Yo confío en su palabra, José Pasto, y confío, porque puedo ver en sus ojos que usted es como yo.

–Lo mismo digo yo, Luis Restrepo, lo mismo digo. La vez pasada cuando compró los ocho mil dólares en mercancía, por seguridad, yo no fui a la entrega personalmente, sino que envié a uno de mis emisarios, porque usted no se imagina la cantidad de gente que quiere comprar esto para traquetear, pero luego de la primera compra, les da culillo y se cagan.

–¿Por qué?

–Son muchas cosas las que están en juego, parcero: la policía, los guardias, los malandros, los otros narcos, luego los vendedores, los compradores, la distribución….no todos saben la carga que implica meterse en este negocio; así, mientras algunos pierden la mercancía, otros terminan rematándola, y otros cuantos se la meten por la nariz. Por eso, cuando Matamoros se volvió a poner en contacto conmigo, le dije que mejor viniera hasta acá para conocerlo, pues, como le digo, estoy en el proyecto de expandirme.

—Y yo, tengo los mismos intereses.

—Pude anticiparlo cuando me pidió más mercancía en tan poco tiempo. Luis Restrepo, yo a usted le voy a respetar la frontera de Venezuela, y usted me respeta la de Colombia, pero necesito que crezca, se arme, y no puede seguir andando con tres mamarrachos con tal cantidad de droga. Si usted cae, ni se le ocurra nombrarme, porque si me nombra, le mato a la familia, y no lo tome a título personal, pero negocios son negocios.

—No se preocupe, lo entiendo perfectamente. Yo haría lo mismo.

—Sí, usted lo haría, pero ahorita no está en la capacidad de hacerlo, y es por eso que le digo que crezca; por ejemplo, ese Mamaco tiene buena pinta, así que asegúrese de darle buen billete, pues así le será fiel y no estará pensando en traicionarlo ni venderlo; si usted mantiene a su gente contenta, no le darán la espalda, pero si se pone de miserable, cualquiera le mete un tiro por detrás y se coge el negocio.

—Gracias por el consejo.

—Se lo digo, porque quiero que crezcamos juntos.

—Lo aprecio.

—Pero, ya sabe, ese Matamoros no es ningún traficante; él es apenas un parcerito hijo de papi y mami que está aquí por su adicción a la droga, no le interesa la plata, y tampoco es capaz de sacrificarse ni recibir una bala por usted, así que tiene que buscarse gente más seria, y más profesional.

—Lo tomaré en cuenta.

—Y, parcero…

—¿Sí?

—Nunca más deje que le quiten su arma, así sea lo último que tenga que hacer.

[…]

Con toda la droga en el maletero del carro abandonamos el galpón de José Pasto y dimos media vuelta para regresar a San Cristóbal.

—Y, ahora, ¿cómo haremos para pasar el punto de la guardia? —me pregunta Alirio.

—Tú conduce y nada más, que cuando estemos en el lugar, te daré las respectivas instrucciones.

—De acuerdo.

Una vez más dejamos atrás esa localidad que está antes de Ureña, pasamos por San Antonio, y luego de rebasar la ciudad, comenzamos a subir la montaña que nos fue alejando del calor, hasta que nos topamos de frente con "Peracal", ese punto de control policial que podría marcar la suerte de nuestro futuro próximo, y del que dependía o bien que pasáramos los próximos diez años en una celda de la cárcel de Santana, o que nuestro negocio continuara creciendo y floreciera.

—¡Apaga las luces! —le digo a Alirio.

—¿Pero, eso no lo hará todavía más sospechoso?

—me pregunta.

—Sí, pero también más boleta. Hazme caso.

Alirio apagó las luces del carro.

—Maneja lento, tan lento que ni siquiera suene el motor.

Mientras nos íbamos aproximando poco a poco a la alcabala, nuestras pulsaciones se incrementaban a cada segundo.

—¿Ven a algún guardia por ahí? —pregunto a todos en el carro.

—Sí, ahí veo a uno de esos tipos —responde Oliver Matamoros.

—¿Qué hago? —pregunta Alirio.

—Sigue, sigue acercándote. ¿Pueden ver si está armado?

—No, no está armado —dice el Mamaco.

—¿Seguro?

—Totalmente. Por lo general, los que están allí llevan armas largas, y ese es un gordo de mierda que no puede ni cargarla.

—Entonces sigue acercándote poco a poco sin prender las luces, y cuando estemos frente al punto de control, acelera con todo y no le pares bolas a los policías acostados.

—¿Seguro? —pregunto Alirio.

—Totalmente.

—¿Y sí…? ¿Y sí…?

—Déjate de mariqueras, Alirio, y haz lo que te digo.

–Pero…, nos pueden disparar.

–A esta hora todos esos malditos están dormidos, así que tienes que darle rápido para que no sea capaz de identificar la placa, y como más arriba no hay más alcabalas, no tendrán como atraparnos.

Eran las cuatro de la madrugada. Dicho y hecho. Alirio se fue acercando poco a poco, y seguramente debido a la falta de luces, el guardia comenzó a hacernos señas para que nos estacionáramos.

–Dale, Alirio, acelera, ¡acelera!

Cuando le metió la primera y arrancó el auto con todo, el guardia finalmente cayó en cuenta de nuestras intenciones y puso cara de asombro.

–¡Deténganse!, ¡deténganse! –gritó.

Pero, Alirio, no iba a parar, y cuando el guardia trató de ponerse en la mitad del camino, y vio que el auto lo iba a arrollar, saltó y se resguardó en la acera una vez más.

¡Sube por Capacho, dale para Capacho!

Alirio cruzó el vehículo a mano izquierda y dejamos a "Peracal" atrás.

–¡Ahora sí prende las luces!, o si no, nos vamos a matar en esta mierda.

Nuestra adrenalina comenzó a descender paulatinamente, y en cuestión de segundos, todo el terror había pasado; pero, ahora, ya nada podría detenernos, pues llevábamos veinticinco kilos de cocaína pura en el maletero, y los cimientos de un imperio que comenzaba a erigirse.

2

Despierto con un calor infernal, ¿qué maldita hora será? Miro el reloj y son las tres de la tarde, lo cual quiere decir que dormí aproximadamente seis horas. En la madrugada, luego de llegar del agitado viaje a la frontera, no podía conciliar el sueño; me sentía mareado, borracho, débil, fuerte, triste, enojado, asqueroso, eufórico, por tanta cocaína y tanto licor, tanta tensión y tantas emociones mezcladas al mismo tiempo con un sentimiento de zozobra y una ausencia total de paz. Finalmente, terminé rendido durmiéndome a eso de las nueve de la mañana, mientras Clara lloraba y Erika intentaba callarla para que yo pudiera dormir.

—¡Erika!, ¡Erika!, comienzo a gritar para llamar a mi mujer.

—¿Habrá salido la puta miserable esa?

—¡Erika!

—¿Sí? ¿Qué pasó, Luis? No grites tanto que la niña está dormida y la vas a despertar.

—Y cómo esa carajita me despierta todos los días y yo no hago ningún show o no puedo reclamar por eso. Tengo hambre, ¿qué hay de comer?

—Abajo, está tu almuerzo.

—¿Abajo? No, estoy cansado, tráeme la comida aquí.

—Pero para salir a rumbear, nunca estás cansado.

—¿Qué dices?

—No, nada, ya te traigo la comida.

Volví a cerrar mis ojos para intentar descansar de la vista, pues me dolía la cabeza de una manera infernal; todas las mañanas es lo mismo: lo que la cocaína te da, la cocaína te lo quita, maldita adicción.

—Aquí está tu comida —dijo Erika, dejando el plato en una mesa sobre la cama.

Carne molida, tostones, y arroz... pero, ¿qué clase de almuerzo es este? ¿Es que no sabe esta mujer, que detesto la carne molida? Pero mi dolor de cabeza no me permite siquiera protestar, tan solo me trago la comida por inercia, esperando que con mi estómago lleno se empiece a aliviar el dolor que siento en todo mi cuerpo. Luego de comer, voy al baño a cepillarme, aprovecho el estado anímico para quitarme la ropa y meterme a la ducha. Bajo el agua, estrego todas las partes de mi cuerpo con el jabón, y veo que mi pene ya no luce irritado como aquellos días en que sufrió las quemaduras propinadas por el difunto Pancho. Al salir, me dan ganas de defecar y voy a la poceta, pero luego de ensuciarme, tengo que bañarme de nuevo, porque mi cuerpo es estúpido y se comporta como el de un adolescente, así que vuelvo a lavarme, me seco, voy a la habitación y cojo por fin mi teléfono: dos llamadas perdidas de Costello, ¿Costello? ¿Ahora qué querrá este hijo de puta? ¿Será que ha comenzado a sospechar sobre la muerte de Pancho? Será mejor que lo llame, porque esconderme solo generaría mayores sospechas.

—¡Aló!

—Mi amigo, Luis Restrepo, ¿cómo estás?

—Hola, Costello, cuéntame.

—No suenas muy amigable.

—Tengo un ratón terrible, ¿qué pasa?

—Tiempo sin verte. ¿Por qué no has venido a visitarme?

—He estado ocupado.

—¿Ocupado? ¿Es que ahora Luis Restrepo trabaja? Cuéntame, ¿en qué consiste esa nueva iniciativa?

—Comercio, amigo mío, tú sabes, los hombres de algo tenemos que vivir.

—¿Comercio? Claro, claro… Escucha, te llamo por lo siguiente.

—¿Qué pasa?

—El Pancho lleva varios días desaparecido, ¿no sabes algo de él?

—¿Del Pancho? ¿Qué carajos voy a estar sabiendo yo sobre la vida de ese ser?

—Te pregunto, está perdido y no lo consigo por ninguna parte; algunos piensan que lo pudieron haber matado, otros que lo secuestraron, otros que se fugó con una novia…, y por eso estoy llamando a todos sus conocidos, a ver si saben algo.

—Sabes muy bien que yo no era muy amigo del Pancho.

—Precisamente, por eso te lo pregunto.

—Entonces, estás llamando a la persona equivocada.

¿Y por qué esa actitud?

—¿Cuál actitud?

—Esa, la de estar a la defensiva, como si escondieras algo.

—No escondo nada. Sencillamente no me gusta que me llamen a acusarme de cosas que no he hecho.

—Yo no te he acusado de nada.

—Lo estás haciendo de forma indirecta.

—Me malinterpretas, Luis Restrepo.

—Mira, Costello, me llamas en un mal momento, porque ahorita estoy ocupado y no tengo tiempo para esto.

—¡Espera, espera!, no te me afanes. Me han dicho

que te has metido de lleno en el negocio; ambos sabemos de qué estamos hablando, y tú sabes muy bien que no me gusta la competencia.

—¡Ah! ¿Con que ese era entonces el verdadero propósito de esta llamada?

—Las llamadas pueden tener muchos propósitos, ¿no crees? ¿O acaso cuando conversas con alguien es solamente sobre un tema en específico?

—Habla rápido lo que quieras hablar.

—Te has vuelto muy altanero, Luis Restrepo.

—No me gustan los juegos.

—Ni a mí. Así que vamos a tener que resolver ese problema.

—Si me estás amenazando, hazlo abiertamente y así sé a qué debo atenerme.

—¿Yo? ¿Amenazar? No, Luis Restrepo, yo no amenazo, yo cuando me quiero bajar a alguien, sencillamente lo hago y punto.

—Entonces, debo tomarlo como una amenaza...

—Tómalo como quieras, pero no te metas en mi negocio. ¿Está bien?

—Yo no veo tu nombre en mi mercancía, ¿tú, sí?

—Te estás buscando la muerte, Luis Restrepo.

—No, Costello, quizás quien se la está buscando, es otra persona. Adiós, infeliz.

Y colgué el teléfono. Ya es definitivo, este hijo de perra tiene que morir, así sea lo último que tenga que hacer en mi vida.

3

¿Cuánto dinero necesito para montar la mayor red operacional de narcotráfico en el Estado Táchira? ¿Deberé aliarme con el gobierno? Para nadie es un secreto que los mayores traficantes de droga en el país, son los grandes generales del ejército, todos esos perros arrastrados que manejan las drogas, las armas, y hasta la prostitución; son los malditos dueños de los bajos y los altos mundos, poseen desde yates a prostíbulos, desde casas en Los Roques a recintos penitenciarios, desde camionetas blindadas a autobuses. Si estuviera en manos de esos cabrones, el país se sumiría cada vez más en la miseria, porque entre más mierda come el país, más plata hacen ellos, más gente depende de ellos, son el capitalismo más puro y duro, porque de socialistas solo tienen las siglas de su partido.

José Pasto tiene razón: debo crecer como organización, y Oliver Matamoros no puede seguir con nosotros, o al menos, no tan de cerca;

debo darle apenas ciertas cantidades de droga para que él distribuya por su cuenta. Prefiero tenerlo alejado de mí, pues ese maldito sapo sería capaz de venderme por unos gramos de cocaína mientras yo no tengo la prenda de garantía con qué amenazarlo. A ese hijo de puta ni siquiera le importa su propia vida, y está vivo por obra y gracia de Dios y nada más (si es que Dios existe). Por eso, lo mejor será comenzar a buscar mi propia casa, un lugar donde tenga mayor privacidad, lejos de este inútil de Matamoros; también debo cambiar mi carro, porque si bien es cierto que los guardias en "Peracal" no pudieron ver la placa, pueden estar buscando uno de esas mismas características. Ahora, como Costello también lo conoce, ya no lo sacaré más de casa y lo dejaré guardado mientras lo vendo para comprarme una camioneta nueva con las ganancias de esta mercancía.

No he podido sacarme a Luciana de la cabeza. Ahora que tengo por mujer a la estúpida de su prima, cuyas tetas se escurrieron con el nacimiento de Clara, el solo hecho de pensar en el culo de esa perra de Luciana, me vuelve loco. Pues, ¿cómo se puede estar con una mujer con tetas escurridas? ¿Qué clase de hombre es capaz de soportar algo así?

Desesperado, me meto en Facebook, busco la cuenta de Luciana y le envío una solicitud de amistad; durante un buen rato no hago más que actualizar la página, pero nada que acepta mi invitación. De pronto, Erika entra a la habitación.

—¡Luis!

—¿Sí? ¿Qué pasa?

—Mi mamá nos ha invitado a cenar en su casa esta noche, ¿quieres ir?

—No, gracias. Estaré ocupado, tengo cosas que hacer.

—Luis, no quisiera molestarte, pero ya nunca compartes con tu familia; hace meses que no vas a casa de mamá, y pienso que deberías hacer las paces con ella, ¿no crees?

—Yo no tengo ningún problema con ella.

—¿Entonces, por qué no vas?

—¡Mujer!, porque estoy ocupado, tengo cosas que hacer. ¿Qué crees, que la plata con la que pago las cosas de la niña, cae del cielo? Eso no es así de fácil. A veces me provoca mandarte a la calle a producir dinero para que aprendas a sentir el valor de las cosas.

—Pero, Luis…

—¡Nada!, no se diga más, no quiero discutir.

—Está bien. Espero que cuando pasen los años, no te arrepientas de no haber pasado más tiempo con tu hija.

¡Malditas mujeres! Solo sirven para joder la vida y culear. No tienen ningún otro oficio útil, ¿qué haré hoy? Estoy harto de estar metido en esta mierda familiar. ¿Estará Oliver Matamoros en casa, o habrá salido?...

[…]

—¡Matamoros!, ¡Matamoros!, ¿dónde estás? ¿Oliver? ¿Saliste?

¿Dónde estará metido el carajo ese? ¿Será que sigue muerto por lo de anoche?

—¡Matamoros!

En su habitación, no está, ¿dónde estará ese hijo de puta?

—Erika, has visto a Matamoros.

—No, no lo he visto. Por cierto, te pregunto por última vez…

—Mujer, ya te dije, ya te dije que no iré a ninguna parte contigo, no puedo, tengo que trabajar.

—Le diré a Alirio que me lleve a casa de mamá.

—Eso, dile a Alirio que te lleve de inmediato y llévate a la niña contigo.

—Por supuesto, ni loca la dejo contigo.

—Perfecto.

Tomo mi teléfono y empiezo a marcarle a Oliver Matamoros. Espero que el muy miserable conteste.

—¡Hola!, Matamoros, ¿dónde demonios estás?

—Luis, vine a comer, pues no había un coño qué comer en casa, y me moría de hambre.

—Pues vente para acá pronto, que tenemos cosas que hacer.

—¿Qué tenemos que hacer?

—Vente, y no preguntes.

Subí a mi habitación de nuevo a cambiarme de ropa, me puse una camisa y un pantalón, y aproveché para ir al baño a esnifarme la nariz; luego, en la salida, me topo con el Mamaco.

—¡Mamaco!, ¿dormiste? —le pregunto.

—Sí, señor, dormí abajo en la sala.

—Bien, prepárate que hoy te tengo una sorpresa.

—¿Y eso, señor?

—Vamos a celebrar por el cargamento de droga.

—¿Celebrar cómo?

—Usted, no se preocupe, solo échese un baño y arréglese bien que esperaremos al pajudo de Matamoros para que nos vamos.

—De acuerdo, jefe.

[…]

Cuando volvió Matamoros, Mamaco y yo ya estábamos listos esperándolo en la sala.

—Y bien, ¿a dónde vamos? —preguntó Oliver Matamoros.

—A tu lugar favorito.

—¿Mi lugar favorito?

—Sí, tu lugar favorito, ¿no adivinas?

—Mmm, no, no sé, es que…

—Pues, a donde tu gran amiga, Sofía.

—¡Sofía!, ¿Sofía?, ah claro, claro, Sofía, sí, Sofía.

—Hazte el pendejo, ahora que ya se lo arrimaste a esa vieja.

—¿Y eso?

—Pues vamos a ir a celebrar, y llevaremos al Mamaco que también tiene ganas de agarrarse a una vieja, ¿verdad?

—Uy, jefecito, yo con esta calentura me agarro de lo que sea, tengo mucho tiempo sin bajar pa' el barrio, pues usted lo carga a uno pa' arriba y pa' abajo y ni tiempo de meter la pala le da a uno.

—Tranquilo, tranquilo, Mamaco, que hoy usted se coge lo que se le venga en gana.

—Me gusta cómo suena eso, me gusta como suena.

—¡Matamoros!

—¿Sí?

—Pide un taxi.

—¿Qué pasa con tu carro?

—Ese carro no será utilizado más; a partir de mañana, quiero que le busques comprador, porque voy a comprar un carro nuevo.

—Así es, jefecito, hay que estar por todo lo alto, cómprese una mionca para montarla.

—Mañana veré qué voy a comprar; por hoy, vamos a disfrutar.

—Sí va, ya pido el taxi.

Mientras esperábamos el taxi, nos servimos un par de tragos de ron; el Mamaco tenía una sonrisa en la cara de oreja a oreja que no se la borraba nadie, y Oliver Matamoros ni se diga, ese hijo de puta que, sin exagerar, daba la vida por las viejas. Empezamos entonces a conversar sobre estupideces, porque, a veces, hay que rebajarse un poco al nivel de los empleados para que ellos le tomen afecto a la figura superior, y sientan que todos hacen parte de un mismo equipo.

Así fue como el Mamaco comenzó a contarme su historia de cómo a su padre lo mataron en el barrio cuando él era apenas un niño, mientras su madre lo sostenía —según él— vendiendo empanadas (aunque yo creo otra cosa), y a su hermana mayor se la llevaron de la casa —eso es lo que él dice—, unos tipos de plata cuando tenía solo dieciséis años. Como el Mamaco nunca había visto tanta plata en su vida, resultaba fácil seducirlo con cualquier cosa. Esta clase de personas tiene el intelecto de un simio, fueron criados como animales, hacinados, sin alimentos, de modo que cualquier atención que se les haga, lo toman como una ofrenda. Debido al complejo instinto de bestia que ejercen, son capaces de dar la vida por sus amos, así que este tipo de gente es la que uno necesita. De mi pequeña organización, al Mamaco es al que más aprecio, solo que nunca se lo diría ni lo puede saber, porque de pronto se le pueden subir los humos a la cabeza.

—Llegó el taxi —dice Oliver Matamoros.

—Perfecto, ¡vamos! —responde.

—Jefecito —dice el Mamaco.

—¿Sí? ¿Qué pasa?

—Oiga, disculpe la molestia, no quiero sonar

abusivo, pero…, no cargo condones, es que usted sabe que uno… y pues, yo no sé cómo sean esas mujeres.

–¡Mamaco!, tranquilo, usted no se preocupe, mijo, que usted va conmigo, y allá le dan todo lo que usted necesita.

Naturalmente, cuando subimos al taxi, el taxista nos preguntó de inmediato a dónde nos dirigíamos; cuando Oliver Matamoros le dio la dirección, al reconocerla, el taxista se echó a reír diciendo: "ustedes van a donde Sofía, ¿cierto?"; de inmediato, nosotros también reímos. ¿Acaso a esa caraja la conoce todo San Cristóbal?

–Cuando yo era carajito, en mi época de estudiante, yo también iba con mis amigos a donde Sofía –nos dice el taxista.

–¡Ya va!, ¿hace cuánto fue eso? ¿Es que esa vieja lleva toda la vida ahí? –pregunté.

–¿Sofía? ¡Uff!, imagínese, eso fue hace veinte años, cuando yo estaba en la universidad. Esa tipa es una institución en el Táchira.

–¿Y cuánto tiempo tiene sin visitar a Sofía?

–Yo, ya ni sé cuántos años hace. La verdad, no me acuerdo, pero en esa época habían ahí unos mujerones que ni le digo. Eran otras épocas. Venezuela era la referencia del continente, y Sofía tenía en la casa un poco de colombianas, ecuatorianas, panameñas, peruanas, y hasta argentinas. Había surtido de dónde escoger, y eso era una sola gozadera.

—¡Buenos tiempos!, ¿no?

—Dígame, mijo, tiempos que a lo mejor ya no volverán, porque al paso que vamos…

—¿Usted estudió en la Católica?

—Sí, año 96.

—¿Y qué pasó?

—Pues nada, mijo, que en ese tiempo era muy fácil hacer billete, entonces me puse a trabajar y abandoné los estudios. Luego me arrepentí, pero más tarde volví a cambiar de opinión, pues, ¿qué hubiese hecho yo con un título de maestro en este país? Me estaría ganando una miseria en un salón de clases, mientras, ahora, al menos este carrito me da para comer.

—Pues, sí, eso sí es verdad, en eso le doy toda la razón.

—Cuando lleguen donde Sofía, díganle que Begonio Marulanda le mandó saludos, y estoy seguro que esa vieja va a acordarse de mí; siempre le daba risa mi nombre y me jodía por la verruga del cachete. Ella siempre me decía: "Begonio, esos pelos tuyos de la verruga arrugan mis pelos", pero siempre jodiendo y en tono de broma, porque esa vieja me quería más que el coño.

—Bueno, brothercitos, hemos llegado ya y les deseo buena suerte; por curiosidad, pregunten qué fue de la vida de Cindy La Maravilla, una peruana que me sacó el polvo unas treinta veces por lo menos; a pesar de que tenía una cara bien fea, el culo era del tamaño del Salto del Ángel, como una verga infinita.

—Está bien, Begonio, le preguntaremos. ¿Cuánto le debemos?

—Seiscientos bolitos.

—Coño, pero con esa vaina no paga ahorita una Cindy ni a coñazos, ¿no?

—No, mijo, eso era antes. Ahorita me toca hacer cien carreras para pagarle a una Cindy.

—Bueno, hagamos algo: yo le voy a dar veinte mil bolos, y usted viene y nos busca en tres horas.

—¡Uy, mijo!, veinte mil, eso es mucha plata, ¿por qué va a darme tanto real?

—Bueno, porque me cayó bien, y usted se lo merece. Aquí lo esperamos, ¿si va?

—Claro, claro, mijo, con eso no tengo que trabajar más en todo el día, gracias, gracias.

—Nos vemos ahora.

[…]

Con las mujeres en fila y la misma dinámica de siempre en casa de Madame Sofía, la vieja saluda, nos muestra sus dientes, sonríe, hace contacto físico con Oliver Matamoros y él le devuelve la sonrisa. Estoy seguro que si fuera por él, no le pagaría a ninguna y se acostaría con la vieja. Esta vez hay tan solo cuatro mujeres, y si el negocio era tan próspero como lo pintaba Begonio, está claro que como todas las demás cosas en el país, la oferta de mujeres fáciles también iba en declive. Incluso por ahí se escucha que las prostitutas venezolanas ahora cruzan la frontera y abren las piernas en Cúcuta, pues un solo cliente es capaz de pagarles hasta tres o cuatro veces más que un venezolano.

De las mujeres que había presentes, la única que repite es la pelirroja, porque las demás son nuevas. El Mamaco no le ha quitado los ojos de encima a una negra exuberante con tetas enormes, un culo gigantesco y espalda ancha. Tal como yo lo interpretaba, me parecía que eso era algo totalmente cierto: la genética es propensa a que la atracción se produzca entre cierto prototipo de personas con afinidades corporales; para hombres como el Mamaco, lo único que valen son los culos grandes, mientras que las demás cualidades pueden ser para él accesorias, características menos atractivas o importantes.

—¡Mamaco!, elige tú primero —le digo.

—¿La que yo quiera, señor? —pregunta con timidez.

—Sí, la que quieras, es toda tuya.

—¡Uy, jefecito!, si es así, yo quiero a la negra, ¿hay problema?

—No, mijo, hágale, esa hembra es toda suya, y resérvela para la otra semana si quiere.

—Si va, patroncito, si va.

El Mamaco agarró a la mujer por la cintura y empezaron a caminar escaleras arriba casi sin creerse lo que estaba a punto de hacer; creo que no va a ser capaz de aguantarse siquiera a que la pobre mujer se quite la ropa porque aun teniéndola tan cerca, Mamaco no podía evitar mirarle el culo a cada paso.

—¡Matamoros!, vas tú.

—A Oliver, déjamelo quieto, porque él y yo tenemos asuntos pendientes —dice Madame Sofía—; ¿cierto, cariño? —pregunta dirigiéndose a él—.

—Mi amor, lo que tú quieras, aquí estoy para ti.

Entonces Madame Sofía se acercó de forma desagradable, sacó su lengua lasciva y la paseó por todo el rostro de Oliver Matamoros. Definitivamente, este tipo no es normal, pues tiene a tres carajas buenísimas y explotadas para elegir, pero prefiere ir a metérselo a una vieja. En cuestión de segundos se perdieron por un pasillo dejándome a la deriva.

—Entonces, quedan ustedes tres para mí —dije en voz alta.

Las tres mujeres me sonreían, intentando seducirme y tratando de ganarse el pan de cada día. Yo las miré a todas de arriba abajo, a la pelirroja que ya me había cogido, a la nueva trigueña, y la mujer pálida y delgada de ojos azules.

—¿Quieren venir las tres conmigo? —pregunté.

Ellas se miraron a la cara y se intercambiaron algunas sonrisas pícaras.

—Quiero verlas a las tres en acción.

Nuevamente se volvieron a mirar, y asintieron entre sí.

—¡Está bien!, vamos —dijo la pelirroja.

Las seguí y entramos a la habitación donde las mujeres empezaron a desvestirse y en donde días antes había presenciado la orgía en que vi a Oliver Matamoros cogerse a la vieja Sofía.

—¡Esperen! —les dije—, antes de empezar, debemos ponernos a tono—.

Saqué una bolsa de cocaína y la esparcí con cuidado sobre la mesa.

—¿Cuál de todas va primero? —pregunté.

Nuevamente, empezaron a mirarse. La pelirroja, con más experiencia, se acercó a la mesa y esnifó la primera línea, le siguió la de ojos azules y por último la trigueña. Si hay algo que me excita intensamente, es ver a una mujer pegarle la nariz a una mesa para aspirarse la cocaína. Luego me senté yo en el piso y empecé a darle a las líneas.

—Ya pueden comenzar —les dije—, quiero verlas a todas juntas—.

Mientras la pelirroja empezó a besar a la de ojos claros y se fueron a un sofá, la trigueña se quedó a mi lado como esperando a que le diera alguna orden.

—Tú también puedes ir con ellas —le dije.

Entonces se apoderaron las tres del sofá, mientras yo me hice en una silla y empecé a disfrutar observándolas; la trigueña no sabía bien dónde entrar, entonces le quitó el hilo a la de ojos claros y comenzó a hacerle sexo oral, mientras la pelirroja terminó de desvestirla. Allí me di cuenta que ella era la iniciada a quien le estaban dando la bienvenida. Yo empecé a desvestirme, y en ese momento añoré tanto empujarme un trago de ron al punto que me sentí estúpido por no haber comprado una botella.

—¡Esperen!, ¿no tienen algún licor por ahí?

Las mujeres se miraron confundidas.

—Madame Sofía debe tener algo en la recepción —dice la pelirroja.

—Ve tú y me traes un trago, por favor, un ron si es posible. Las otras dos, sigan mientras tanto.

Mientras la pelirroja se paró y fue desnuda a traerme el trago de ron, la trigueña empezó a besar en los labios a la mujer de ojos azules y a masturbarla. Ante esta escena, confirmé mi tesis de que el poder que tiene el dinero es infinito. Tengo a tres mujeres a mi antojo haciendo lo que me da la gana, ¿y qué tengo que hacer a cambio? Traer cocaína de un lado a otro, eso es todo lo que tengo que hacer en esta vida para tener a tres putas a mi disposición cuando se me dé la gana.

Cuando me cansé de observar, me paré de la silla

y fui a restregarles mi pene en el rostro a las dos mujeres; ellas empezaron a chuparlo hasta que llegó la pelirroja con mi trago de ron. Lo tomé con la mano y comencé a beber al tiempo que le ordené que se sumara a las otras dos a seguirlo mamando. Visto desde arriba, era un espectáculo alucinante, pues tenía a tres perras lamiendo mi pene como si fuera una deliciosa y codiciada chupeta todo por el dinero, gracias al maldito dinero. Esta sensación de poder es indescriptible y jamás renunciaré a esto porque ahora es que tengo razones aún más poderosas para hacer crecer mi imperio.

4

Tal como lo habíamos acordado, cuando salimos de casa de Madame Sofía, allí estaba Begonio esperándonos, luciendo todavía aquella enorme sonrisa en su rostro después de haber recibido esa cantidad de dinero. Cuando subimos al taxi, de inmediato nos preguntó:

—¡Muchachos!, ¿cómo les fue?

—Begonio —le saludé—, bien, hermano, bien; esas jevitas sí saben cómo exprimirle a uno la leche—.

—¡Uy, claro!, todas esas mujeres son unas diablas. Antes de sacarlas al ruedo, a ellas las entrena Madame Sofía, hasta convertirlas en verdaderas tigresas domesticadas.

—¿Usted las conoce, no?

—Pero, claro, por supuesto. Un día de estos que me reúna una buena platica, me vengo para acá otra vez a hacerles una visita.

—Bueno, pronto será su día de suerte, Begonio —le dije.

—Cuéntenme, ¿y preguntaron por La Maravilla?

—Creo que eso hay que consultarlo es con mi amigo aquí presente, Begonio —dije, señalando a Oliver Matamoros.

—¿Y por qué con él? —preguntó con curiosidad.

—Porque este es el que le da para los pasteles a la vieja Sofía.

—¡No lo puedo creer! —gritó Begonio—. ¿Usted se coge a esa vieja, muchacho? —Los tres comenzamos a reír—, y Oliver Matamoros respondió:

—Por supuesto. Usted no se imagina las cosas que hace esa mujer.

—No, hombre, —contestó Begonio—, yo a usted lo respeto porque usted sí es un varón; en su época, eso era un tremendo mujerón que no se dejaba coger por cualquiera, así que debe conocer unos cuantos truquitos la vieja esa.

Comenzamos a reír una vez más, y era claro que ese Begonio se había ganado mi simpatía hasta el punto que en el trayecto de vuelta a casa, me fui pensando en él seriamente.

—¡Begonio! —exclamé.

—Dígame, muchacho.

—¿Le gustaría trabajar con nosotros?

—¿Yo? —Preguntó—. ¿Trabajar para ustedes? ¿Cómo es eso?

—Dígame algo, Begonio, ¿cuánto gana usted al mes haciendo carreras?

—Bueno, pues eso depende. Una cosa es lo que gane, y otro lo que me quede, pues usted sabe que la vaina está muy jodida; además, al carro hay que estar haciéndole mantenimiento y hoy en día cada llanta de repuesto cuesta una millonada.

—¡Diga cuánto gana, y nada más!, deme un estimado.

—Yo le calculo que unos noventa, cien mil bolos, y eso por debajito; quizás pueda ser algo más, pero, la verdad, es que nunca me he puesto a sacar la cuenta.

—¿Y qué le parece si yo le pago el doble de lo que gana y, además, me hago cargo del mantenimiento del carro?

—¿Usted me está mamando gallo, verdad? —preguntó incrédulo.

—No, papá, yo soy un hombre serio, un hombre de negocios y de palabra. Le estoy haciendo una oferta franca, y usted verá si la acepta o no, pero se la hago porque usted me cayó bien.

—¿Y qué tendría que hacer yo? Porque, entiéndase bien, yo no es que sea un tipo muy brillante, y por eso me salí de la universidad, lo único que yo sé hacer, es manejar como un burro.

—Bueno, y es eso precisamente lo que va a hacer conmigo, manejar, hacernos el servicio de transporte.

—¿Y ustedes en que trabajan? —preguntó con curiosidad.

—¿Puedo confiar en usted, Begonio?

—Pero, por supuesto. Yo soy un tipo fiel, y a mí los secretos no me los sacan ni de la tumba.

—Pero, antes de seguir con la oferta, quiero que me diga, ¿tiene usted mujer, hijos?

—¿Por qué la pregunta?

—Contésteme, y nada más.

—Bueno, pues, mujeres, como tal, e hijos, como tal, es que…

—¿Cómo así?

—Pues mujeres, uno siempre tiene, e hijos, también…

—Begonio, hable claro.

—Pues, bueno…, hijos, por ahí regados, mujeres, uno tiene una y otra.

—Usted también es tremendo perro, ¿no, Begonio?

—Bueno, eso era en los años cuando estaba buenmozo, porque ya, ahorita, toca conformarse con las viejas feas que no tienen quién las coja.

En medio de las confesiones de Begonio, llegamos a casa. El tipo paró su auto, y quedó a la espera de que continuara con la oferta.

—Véngase mañana al mediodía, Begonio, y le explicamos en qué consiste el negocio y su trabajo, porque estoy seguro que le va a interesar.

—Pero, pues, claro, mijo, claro que me va a

interesar. Mañana estaré aquí puntual al mediodía.

–Si va, Begonio, y que pase buenas noches.

–Dios los bendiga a todos, hasta mañana.

5

En este mundo de las drogas, cualquier cosa puede pasar. La perversión no se oculta bajo las máscaras, y yo estoy consciente de lo que hago, del lugar al que apunta mi futuro; no temo por mi vida, sino por la de mi hija, pues, con toda certeza, a quien se va por este riesgoso y aventurado camino, poco le importa su seguridad. Es imposible vivir entre la delincuencia temiendo o pensando en la muerte a cada segundo. La mayoría del tiempo vivo bajo la sensación narcótica de los estupefacientes que recorren mi cuerpo, mientras el resto me la paso pensando en el destino de Clara, en su futuro, su seguridad, sus miedos, sus sensaciones y sus vivencias. Yo quiero darle de todo, todo lo que mi padre no supo darme, lujos, viajes, ropas, comodidades, autos; porque mi nena no puede crecer pasando necesidades, viviendo en un apartamento horrible y diminuto donde pueda llegar a sentirse avergonzada frente a sus amistades. Aparte de todo lo que concierne a su futuro, lo demás no me preocupa en lo absoluto, porque eso irá resolviéndose a su debido tiempo, mientras siga ganando dinero de esta manera.

Siento que tengo un poco descuidados a los otros muchachos, y debo reunirme con Yorkelman para establecer las tarifas, cuadrar cuentas y comisiones; además, necesito nuevos distribuidores en diferentes barrios de la ciudad, pero como yo no quiero inmiscuirme con esa gente, delegaré todas esas funciones a quienes conocen verdaderamente la zona: Yorkelman y el Mamaco, a quien he decidido dejar como mi segundo hombre, mientras veo cómo empiezo a reemplazar a Oliver Matamoros.

A la una de la tarde, llegó el Begonio a casa. Por alguna extraña razón, ese viejo me hizo sentir una confianza absoluta desde el primer momento en que lo vi, y estoy seguro que será un buen aporte a la organización. Mando al Mamaco a recibirle, y le espero en la sala.

—¡Begonio!, qué placer verlo, mi hermano, ¿cómo está el día de hoy?

—Amigo, mío, amigo, mío, bien, muy bien. —responde.

—Llámeme Luis, o Restrepo, como usted prefiera.

—Quedemos en Luis, porque esa vaina de llamar por el apellido a la gente, dejémosela a los militares.

—Perfecto.

—Bien, y cuénteme, ahora sí, ¿para qué soy bueno?

—Usted me lo dirá, Begonio, ¿para qué es bueno?

—Yo, detrás del volante, soy una fiera, porque puedo pasar horas y horas volteando sin que me invada el sueño o el cansancio, si es que necesita quién le haga los mandados.

—Pues, claro, Begonio, pero estos no son mandados cualquiera, y si le digo lo que vamos a hacer, tiene que prometerme que va a cumplir con un pacto de confidencialidad.

—A mí, un secreto me lo tienen que sacar a palazos.

—Ni a palazos, Begonio, y si fuera el caso, ni muerto.

—Bueno, mijo, usted me entiende.

—No, Begonio, no se trata de "entendernos", sino de tener claro el papel que cada quien juega y con qué condiciones.

—Estamos de acuerdo, ni a palazos. Esa es una manera de decirlo, usted sabe, pues los que venimos del campo, estamos llenos de dichos de las abuelas.

—La cosa es así, Begonio, y le voy a hablar claro y raspao: nosotros tenemos una organización que distribuye droga que recibimos desde Colombia, y para ser más directos y precisos, traficamos con cocaína; recién acabamos de comprar unos cuantos kilos de esta mercancía, nos estamos metiendo de lleno en la vaina y estamos empezando a crecer porque la droga es el negocio más lucrativo del planeta tierra, y ningún pajudo gana más billete que nosotros. Begonio, usted parece ser un tipo serio y por eso yo a usted lo quiero tener a mi lado, porque es un varón que le gusta el billete y las mujeres. Eso es lo que necesitamos aquí, gente seria, comprometida, para compartir las lucas que nos vamos a ganar y las cucas que nos vamos a comer. Por eso, yo necesito confiar en usted y que usted confíe en mí, para que me ayude con la distribución de la mercancía, pues necesito que la droga llegue a los distintos vendedores callejeros, a los dealers. Tal como le digo, Begonio, mientras yo me voy a encargar de su carro, usted va a ganar el doble y va a trabajar menos, además de que va a tener más beneficios (todo el miche y las mujeres que quiera). Estas oportunidades solo llegan una vez en la vida. A medida que vayamos creciendo y ampliando nuestro imperio, usted también se va a ir montando conmigo, así que usted verá si se monta en el tren, o se queda viviendo de manejar un carrito por toda la vida.

–¡Uy, mijo!, ya va, espere. Creo que todo esto va

demasiado rápido, porque yo nunca he hecho una vaina de estas. Sí, es cierto que necesito el billete, pero, coño, ¿esa vaina no es muy peligrosa?

—Begonio, abra los ojos, ¿cómo cree usted que comenzaron aquellos carajos que usted ve por ahí con camionetas, dueños de supermercados, ferreterías, industrias? ¿Vendiendo pan en las esquinas? No, mijo, aquí todo el mundo tiene dinero lavado, y esa es la forma "mágica" de hacer crecer rápido el capital, ¿si no es así, cómo? ¿Con un sueldo mínimo en este país de mierda? Eso es como todo, Begonio, están los que se estancan y los que surgen, y uno es quien decide al lado de quién se alinea. Dígame, algo, ¿qué tiene de malo transportar drogas? ¿Acaso no se venden a diario en la calle millones de litros de licor? O, ¿quién dice algo por toda esa cuerda de borrachos que a diario joden el país? Y ni qué hablar, Begonio, de todo ese poco de medicinas que se consumen y crean hábito en la gente, pero como las manda un médico, entonces todo está bien... Todo eso no es más que un mundo de pura hipocresía, y yo ya me cansé de todo eso y decidí no tragarme más ese cuento. Ahora lo único que necesito es darle un buen futuro a mi hija Clara, Begonio. ¿Qué? ¿Acaso los enchufados del gobierno, son los únicos que tienen derecho a hacer plata en este país?

—Yo no digo que no, Luis, usted tiene razón en

todo lo que dice, pero, pues, a uno le da temor, la policía, la guardia….

¡Ay, Begonio!, ¿a usted le preocupa esa cuerda de hijo de putas? Si esos son los peores malandros de todos, los que trafican la mayor cantidad de droga, y por eso quieren agarrarlo a uno, para que no les jodan el negocio a ellos; son gamines con uniforme, y a esos malparidos uno los domina con dos cosas: con plata, o con un disparo en la frente. Ellos verán con qué se conforman.

—Mijo, pero, pero, de verdad, pero, déjeme pensarlo, ¿sí?, eso así, de sorpresa, es muy repentino, y yo, y yo, y yo, pues, es que no sé, no sé.

¿Qué va a pensar, Begonio? Disfrute la vida, mijo, usted es un varón, y va a tener carne joven a su lado de nuevo, todas las carajitas que quiera, entonces, ¿qué más va a estar pensando? ¿O espera morirse de viejo para darse consuelo?

—Pues, pues, bueno, en eso tiene razón, para qué le digo que no sí, sí.

—¿Entonces, qué? ¿Empezamos? ¿O se va a poner a darle más vueltas al asunto?

—Vamos a echarle bolas, pues, vamos, ¿qué tengo que perder? En este hijueputa país igual mandan los malandros, y como usted dice, los del gobierno son los únicos que se hacen millonarios. Yo hace años podía vivir bien con mi carrito, pero estos coño e madres acabaron con todo, ¿y uno, qué? ¿Le toca morirse de hambre? En eso le doy toda la razón, uno no se puede quedar esperando limosna de esos desgraciados.

—Así se habla, Begonio, así se habla; yo sabía muy bien que no me había equivocado con usted.

—Claro que no, mijo, claro que no. ¿Y ahora, qué hacemos?

—Espéreme un tanto, Begonio, que tengo que arreglar primero unas cosas para irnos a reunir con uno de los distribuidores, porque quiero que vaya conociendo a todos los miembros del equipo. Hay mucho por hacer.

[...]

Antes de salir, reviso mi teléfono y me percato de que tengo una notificación en el Facebook; cuando la abro, ¡oh, qué sorpresa!, veo que es Luciana, ¡sí, coño!, sí, es ella... yo sabía que esa grandísima perra solo se estaba haciendo la difícil. Aunque me cuesta sacarme de la cabeza la imagen de Luciana, voy a mi cuarto y busco las llaves del apartamento donde tenemos escondida la mercancía, porque debo ir y apartar unos paquetes, para luego llevarle a Yorkelman unos doscientos gramos y aprovechar la ocasión para conversar con él.

Bajo las escaleras y le digo a Begonio que estoy listo.

—¿Y el Mamaco? —le pregunto.

—¿Cuál de los dos es ese? —me dice.

—Olvídalo, ya lo vi. Ven, vamos saliendo.

Salimos de casa y el Mamaco está en el jardín.

—¿Dónde está Alirio? —le pregunto.

—Se fue a llevar a tu mujer.

—Mejor, ven, vamos que tenemos que salir.

—¿A dónde vamos?

—Tenemos que llevarle la mercancía a Yorkelman, cuadrar con él las nuevas tarifas y que te pongas de acuerdo con él para el reclutamiento del nuevo personal.

—Vale, vamos.

Cuando nos subimos los tres en el auto de Begonio, pasé a presentarlos formalmente y le expliqué al Mamaco cuáles serían las funciones de Begonio dentro de la organización. Al Mamaco, lo noté un poco desconfiado, una actitud que, para mí, eran celos quizás, porque él es de esos tipos que quiere la simpatía del jefe a como dé lugar y ve a alguien nuevo como aquel que quiere usurpar su posición, como un intruso. Eso es algo bueno dentro de una organización como esta, pues genera competencia, y obliga también a todos a mantener los ojos abiertos. Mientras condujo hasta allá, le expliqué bien a Begonio la ubicación de mi antiguo apartamento, y cuando llegamos, le pedí que nos esperara en el estacionamiento mientras yo subía con el Mamaco a buscar la droga.

—¡Aquí los estaré esperando! —me dijo.

Subimos por el ascensor hasta el noveno piso en que teníamos encaletada nuestra mercancía, abrimos la puerta y entramos.

—¿No cree, Jefe, que es peligroso mantener toda esta mercancía aquí sola? —preguntó el Mamaco.

—Sí, ya lo había pensado, y más ahora que está entrando tanta gente nueva al negocio. Tenemos dos opciones: trasladar la mercancía a donde podamos tenerla vigilada, o tener a alguien fijo cuidándola aquí.

—¿Y si el hijo de puta ese se la roba toda? Tú sabes cómo es la cosa, pues uno no puede confiar en nadie en esta verga.

—El que la cuide no la tendrá fácil, y no puede ser cualquiera; tendrá que ser alguien que tenga más por perder que por ganar, y no puede ser, por ejemplo, un tipo como Begonio sin familia ni seres queridos, sino que debe ser alguien que tema y le duela la desaparición de un hijo o un ser querido, porque eso lo obligará a mantenerse en fila.

—¿Y por qué elegiste a Begonio, entonces?

—Porque me cayó bien. Además, Begonio es para hacer otro tipo de trabajos, porque es un tipo limpio que está libre de pecados en la calle, no sabe cómo es este mundo truculento, y no va a querer traicionarnos porque no conoce qué es eso. Ahora, el hecho de que esté algo viejo para ciertos trabajos, eso lo podemos ir moldeando y puliendo.

—¿Lo tienes todo planeado, no? —me pregunta el Mamaco.

—Siempre, siempre, Mamaco. Por esta cabeza no pasan solo las rayas de cocaína, incluso todo lo que tú haces, también pasa por aquí —le dije, señalando mi cerebro.

—¿Cuánto nos llevamos?

—Saca medio kilo, le dejamos un poco a Yorkelman, y nos reservamos un poquito ahí por si acaso.

—Si va, ya eso está listo.

—Bueno, entonces, vámonos, y asegúrate de cerrar bien la puerta.

El Mamaco cerró con candado las dos puertas del apartamento y salimos dejando la mercancía guardada en el antiguo armario de Clara. Luego subimos al ascensor para bajar al sótano de estacionamiento y nos marchamos.

Al montarnos en el carro, Begonio nos preguntó:

—¿Ahora, hacia dónde nos dirigimos, patrón?

—Vamos al 23 —le respondí.

—Sí, al barrio, al "23 de Enero".

—¿Qué vamos a hacer allá? —preguntó.

—Allá está Yorkelman, uno de nuestros vendedores, al que tenemos que entregarle una mercancía.

Begonio comenzó a manejar y puso a sonar en la radio su música favorita, un vallenato viejo, asqueroso y miserable.

—Begonio, ¿a ti te gusta esa vaina?

—En casa de mamá eso es todo lo que se escucha. Nosotros crecimos así, escuchando vallenatos desde carajitos.

—Bueno, pero ponme otra vaina, que a mí eso sí no me gusta.

—¿Qué escuchas tú, entonces?

—Colócame un perreo, que eso es lo que les gusta a las jevitas hoy en día.

Con el sol asfixiándonos dentro del auto, empezamos a movernos por toda la ciudad para llegar al barrio.

—Begonio, vamos a tener que arreglar el aire acondicionado de la nave, y ponerle papel oscuro porque no podemos ir dando boleta por ahí.

—Claro, claro, patrón, lo que usted diga. ¿Exactamente a qué altura del barrio vamos?

—Coño, yo sé llegar, pero no sé explicar cómo carajos llegar ahí, pues yo de nombres sí no sé nada. Te voy a llamar al Yorkelman para que te indique.

Tomé el teléfono y empecé a marcar; luego de un par de repiques el Yorkelman me contestó.

—¡Aló, jefe!, ¿dónde está? Estoy aquí esperándolo.

—Voy en camino, pero hay un trancón por la marginal y no me acuerdo por dónde es que uno se mete para llegar ahí. Te voy a pasar a Begonio, mi nuevo conductor.

—Sí va, jefecito, póngamelo al teléfono.

Le pasé el teléfono a Begonio para que recibiera las indicaciones y se ubicara.

—¡Ya!, ya, ya sé, sí, estamos cerca, pronto estamos ahí.

En cuestión de segundos, salimos del atolladero. Begonio tomó un atajo y nos aproximamos a las inmediaciones del barrio.

—¿Dónde dijo que nos esperaría? —le pregunté a Begonio.

—En toda la entrada del barrio, patrón, pero me dijo que no entráramos porque estaba full de pacos por todas partes, que más bien él salía en la moto y nos recibía la mercancía.

—Sí va.

Cinco minutos después, Begonio paró su auto y, súbitamente, llegó Yorkelman en su moto; entonces bajé el vidrio por completo para que Begonio lo conociera.

—Yorkelman, aquí le presento a Begonio, él es mi nuevo conductor.

—Un placer, panita, Yorkelman, del 23, a la orden.

—Begonio Marulanda, a su servicio —respondió el conductor.

—¿Qué pasó, Yorkelman? ¿Cómo va la joda?

—Bien, bien, Mamaco.

—Bueno, pero ya basta de cháchara, ahora que ya todos se conocen. Yorkelman, te voy a dejar doscientos gramos de coca pura.

—Déjeme más, patrón, para mandarla a convertirla con el Farid, y para que le saquemos a eso más ganancia.

—¿Seguro? —pregunté.

—Segurísimo, con ese man no hay pele.

—Bueno, te voy a dejar cuatrocientos ochenta gramos y usted verá como hace para hacerla lucir como quinientos, y luego hay que transformarla para distribuirla.

—Claro, claro patrón, usted sabe que cuenta conmigo.

—Esta vez, necesito que la venda más cara, porque así como el dólar, todas las vainas están subiendo, y no puedo perder.

—Usted por eso no se preocupe, patrón, que yo le incremento un cuarenta por ciento; aquí en el barrio nadie me va a patalear, porque esa gente saca el billete de donde sea y no tienen alternativa: o compran, o no se drogan.

—Así es, así me gusta. Otra cosa más…

—Cuénteme, patrón, lo escucho…

—Necesito que con el Mamaco se encarguen de buscarme vendedores en otras zonas de la ciudad. Ya te tengo a ti por esta zona, Oliver Matamoros vende la pura a los ricos, pero quiero irme a la Popita, Puente Real, Barrio Sucre, la Rotaria, la Machiri, el centro, la Alianza, y para eso necesito al menos tres vendedores más.

—Bueno, patrón —dice Yorkelman—, para la

Rotaria y la Alianza, por esas zonas el Mamaco le tiene a la persona indicada, mientras yo tengo unos panas en la Popita; para el centro, yo mando a otro de mis emisarios, y eso lo controlo yo, pero por la Machiri y Barrio Sucre está más complicada la cosa, porque por allá está la gente de Costello y bueno….

–Usted no se preocupe por eso. Solo vaya buscándome a la gente que, de lo demás, me encargo yo. Haga la mezcla con el Farid, dele una pequeña mercancía de prueba a cada uno de los vendedores, y vamos penetrando en las distintas zonas de la ciudad.

–¿Y cuánto le ofrezco de pago a cada uno?

–Coño, no había pensado en eso. Yo preferiría venderle a cada uno lo suyo y que vayan por su cuenta.

–Sí, patrón, pero así se le gana menos, y se pueden ir inflando los otros. Lo mejor es tenerlos vigilados –argumenta el Mamaco.

–Tiene razón. Entonces, hagamos lo siguiente, Yorkelman: yo le voy a confiar a usted el negocio por las zonas que me ha dicho, cuadre la paga de los tipos de su comisión, y yo le aumento la suya en un tres por ciento, ¿estamos?

–Si va, si va; usted sabe que cuenta conmigo.

–Y Yorkelman…

–¿Sí?

–Me mantiene al tanto de toda la información de

los vendedores que trabajan con nosotros, y pídamele a cada uno su copia de cédula, dirección, y familiares, porque quiero conocer todo el árbol genealógico de cada persona que toca mi droga.

—Se lo tengo, se lo tengo.

[…]

Después de que nos dimos media vuelta para salir del barrio, Begonio volvió nuevamente a la autopista, pero un trancón inesperado nos detuvo.

—¿Qué será esta vaina por aquí? Esto nunca se congestiona —dije yo.

—Coño, no vaya a ser que haya un operativo —dijo Begonio.

—Usted no se mortifique, que cualquier cosa nosotros la resolvemos. Esos policías con dos mil bolos se van felices para la casa.

La cola de carros detenidos comenzó a movilizarse lentamente, y eran en su mayoría servicio de taxis. Efectivamente, nos dimos cuenta que más adelante había un operativo policial.

—¡Begonio!

—Dígame, señor.

—¿Tiene todos los papeles del carro en regla?

—Claro, claro, por eso no se preocupe. Usted sabe que hasta hace un día yo comía de esto, y no me podía poner a inventar andando con documentos vencidos.

–Entonces, dele que no tenemos nada que temer.

A medida que fuimos avanzando y acercándonos al lugar del operativo, Begonio comenzó a transpirar.

–Usted no se preocupe, Begonio. Tiene que guardar calma e ir acostumbrándose a esto, porque esos bichos son una plaga que está regada por todos lados, pero que se dejan sobornar con miserias. Mamaco, métase la droga en las bolas que ahí nadie lo va a revisar.

El Mamaco agarró la bolsa que había quedado y se la guardó en medio de sus genitales; cuando pasamos enfrente del operativo, uno de los policías se quedó mirando fijamente a Begonio, y un par de segundos después, luego de saludarlo con su habitual carisma, el policía le hizo señas de que siguiera adelante.

–¡Begonio, ya ve!, esto no es tan difícil como usted se imagina. Traficar droga en un país sin ley, es una papaya, y lo mejor de todo, es que se hace billete como loco.

6

Al día siguiente, en las horas de la tarde, recibo una llamada de José Pasto.

—Mi amigo, parcero, camarada y socio, Luis Restrepo, ¿cómo está la cosa?

—José, bien, todo muy bien, usted sabe, trabajando. Cuénteme, ¿para qué le soy útil?

—Lo llamo para saber cómo va la cacería del Costello, pues no quiero ver más a ese pajarito molestando por ahí en mis negocios.

¡Mierda!, con todo el trabajo de los últimos días, ni siquiera me había acordado de ese pendejo.

—Pues, mire, José Pasto, para qué le miento, la verdad es que he estado muy ocupado estableciendo los nuevos puntos de distribución, y no he tenido ni tiempo de ocuparme de ese pajarito. Pero no se preocupe, deme un par de días y le monto la cacería, que igual ese anda ahora como un corderito.

–No se deje engañar, Luis Restrepo; los que usted ve más mansos, a veces son los que traen el cuchillo entre los dientes, yo que se lo digo….

–Tiene toda la razón. Como le digo, apenas pueda, me encargaré de eso. Porque tenga en cuenta que también tengo que despachar toda esta mercancía, para traer más.

–Bueno, ahorita preocúpese por adueñarse de los puntos, que la droga se vende sola, mijo. Lo llamaré en una semana y espero tener noticias del asunto. Le mando un abrazo compa.

–Igualmente, amigo mío, igualmente.

Por la tarde quedé en reunirme con Oliver Matamoros. Aparentemente tiene un contacto que está dispuesto a encargarse de la venta en la parte alta de la ciudad que conecta con Barrio Sucre, y ese puede ser un buen punto para empezar a expandirnos.

–¿Entonces qué, Matamoros? –le pregunto a la hora del almuerzo.

–El man quedó de vernos a las siete y treinta de la noche en un local de comida rápida que se llama "El Maderero".

–¿El que queda en toda una esquina? –pregunté.

–Sí, ese.

–¿Y por qué ahí?

–Ese local como que le pertenece a una prima que es de confianza, y ahí podemos hablar sin problema.

—De acuerdo; dígale que estaremos ahí a esa hora, y llámeme al Mamaco que necesito hablarle.

—De inmediato, jefe.

Hasta que aprendió el hijueputa a tratarme con respeto. Ya era hora. Quizás José Pasto se había equivocado en su apreciación, y a lo mejor Oliver Matamoros si puede adaptarse a la vida de traqueto.

[…]

—¡Mamaco!

—Sí, mi señor, ¿qué sucede?

—Esta noche vamos a ir a reunirnos con unos nuevos vendedores, y necesito que vayas al apartamento esta tarde y me traigas medio kilo de cocaína, porque le daremos una porción a los nuevos.

—¿Señor? —acota el Mamaco.

—¿Qué pasa?

—¿Le dará usted mercancía a los nuevos, sin conocerlos? ¿Y si le roban?

—Les daré poco, y si me roban, eso corre por cuenta de Matamoros que fue quien los recomendó. Usted, no se preocupe, Mamaco, y traiga la cantidad que le dije. Igual, como ya lo conversamos, debemos ir sacando de allí rápidamente la mercancía por seguridad.

—De acuerdo, patrón.

—Dígale a Begonio que lo lleve y lo acompañe. Yo

voy a estar aquí en la tarde, porque quiero pasar un tiempito con mi hija.

–Sí, señor.

Apenas el Mamaco se marchó, yo subí de inmediato las escaleras de la casa y fui a la habitación de mi hija, en donde estaba Erika dormida junto a mi ángel. Tenía un traje rosa que arropaba sus pies, y sentí llenarme de ternura y amor por esa criatura que había sido creada con mi sangre. Si alguien se atreviese a tocarla, pensé, sería capaz de destruir al mundo entero. Cuando me acerqué y la tomé entre mis brazos, Erika abrió los ojos.

–¿Qué haces? –me preguntó.

–Quiero cargar a mi hija, ¿no puedo?

–Sí, por supuesto, pero como nunca lo haces, y…

–He estado ocupado, tú lo sabes, porque debo trabajar fuerte para darle lo mejor a mi hija.

–No todo es dinero, Luis, los niños también…

–¿Ya vas a empezar a criticarme?

–No, no es eso. Es que no quiero que hagas cosas de las que, quizás, puedas arrepentirte después. ¡Escúchame!, yo a ti te quiero muchísimo, pero, últimamente, estás muy cambiado, Luis, y no sé qué te pasó, porque ya no eres el mismo.

–Por supuesto que no lo soy, Erika. La gente evoluciona, y ahora siento que soy una mejor versión de lo que era, y esta familia está creciendo. Clara no va a crecer en cualquier hogar, ella va a crecer en el mejor de los hogares, con las mejores cosas y la mejor educación.

—¿Y cómo piensas darle eso, aliándote con esas personas?

—¡Maldita sea, Erika!, ¿no puede pasar un día, sin que estés con tus malditos reproches? Vine con todo el amor del mundo a darle un abrazo a nuestra hija y tienes que llegar a atacarme.

—Lo hago por amor.

—¿Y si te meto un cuchillo en la garganta, también será un acto de amor?

—No hay razón para ser tan extremista.

—Y si no hay razón para que me jodas tanto la vida, ¿por qué no te vas a vivir con tu mamá, y me dejas en paz?

—¿Quieres que me vaya?

—Pues, no estaría mal, y así dejas de quejarte tanto.

—Sí me voy, me llevo a la niña conmigo.

—¡Ja!, ahora sí me haces reír. A Clara no la saca nadie de esta casa.

—¿Ah, no? Y sí me voy, dime, ¿quién la va a cuidar? ¿Quién cambiará sus pañales y le dará de comer? ¿Tú? ¿Vas a hacerlo tú, Luis Restrepo, borracho y drogado todos los días….?

—No te golpeo en este instante, porque tengo a la niña en mis brazos. Pero no abuses de tu suerte.

—¿Golpearme? ¿Me vas a golpear? ¡Adelante! En

eso te convertiste, en una persona violenta, ni rastros del hombre cariñoso que supo conquistarme.

—Pues, lárgate, y búscate un hijo de puta pobre y miserable que te acaricie la espalda y ni pueda darte de comer.

—¿Y por qué una cosa, tiene que opacar a la otra? ¿Acaso no pueden coexistir esas dos cualidades en un mismo ser?

—No me salgas con tu filosofía barata. Ya te lo dije, si te quieres ir, adelante, pero a Clara nadie, ¡nadie!, ¿me escuchas?, nadie me la quita de los brazos. La niña se queda conmigo.

—¿Ah sí? ¿Tanto quieres a tu hija? Entonces quédatela pues. Yo me largo en este momento y te quedas tú con ella, cuídala tú, aliméntala tú, y quédate en casa tú.

—No, hoy no puedo; si quieres te largas en una semana, pero, ahorita, no. Primero déjame conseguir una enfermera, porque yo debo trabajar.

—¿Lo ves, Luis Restrepo? ¿Lo ves? Es muy fácil decir: amo a mi hija, la quiero con todas mis fuerzas, pero no eres capaz de estar una hora junto a ella, solo te gusta llegar a mirarla y pensar que eres un excelente padre, pero nunca le has cambiado un pañal, nunca te has parado en la madrugada a alimentarla, nunca has hecho nada por ella.

—¿Que no he hecho nada por ella? ¿Y quién compra su comida, su ropa, sus medicinas, sus juguetes? ¿Quién ha puesto un techo sobre su cabeza? Dime quién…

—Nunca vas a entender que el dinero no lo es todo en esta vida, Luis Restrepo, nunca, y el propio dinero va a ser tu perdición. Ya lárgate, ve a hacer tus negocios sucios, que yo me quedaré cuidando a Clara una vez más.

Entonces volví a acostar a Clara sobre el corral y me dirigí a quien, a partir de ahora, consideraba ya como mi ex–mujer:

—Te doy una semana para que arregles tus cosas y te largues de esta casa. No quiero volver a verte más.

—Está bien, me largo, pero la niña se va conmigo.

—Inténtalo, para que veas.

—¿Y qué vas a hacer? ¿Me mandarás a matar con uno de tus malandros?

—Inténtalo, y ya verás, Erika, inténtalo, y ya verás, es todo lo que te voy a decir.

[…]

Un rato después de mi acalorada discusión con la desgraciada madre de mi hija, tomé una vez más mi teléfono para seguir edificando mi futuro. Le escribí a Luciana saludándola, y la invité a pasar un fin de semana con todos los gastos pagos en la isla de Los Roques, pues, ¿qué mujer podría resistirse a ello? Luego de escribirle, salí al patio de la casa donde ya estaba listo el Mamaco con la mercancía que le había mandado a buscar.

—¿Y bien, dónde está Matamoros? —pregunté.

—Dijo que iría a buscar algo, no sé muy bien qué…

—Capaz el muy hijo de puta que hubiese ido a cogerse a la vieja Sofía una vez más.

—¿Tan enfermo está con esa vieja? —preguntó Begonio.

—¿Qué es lo que parece?

—Yo creo que ese tipo está mal de la cabeza —dijo el Mamaco.

—Es un pervertido. ¿Alirio dónde está? —pregunté.

—Está cagando, algo le cayó mal.

—Hoy quiero ir con todos, Mamaco. Lleva tu arma y dale una a Begonio.

—Pero, señor, —repuso Begonio—, yo no sé disparar—.

—No te preocupes. Yo tampoco sabía hasta que me tocó hacerlo. Igual, hoy no creo que lo hagas, pero debemos impartir respeto, ¿si me entiendes? Que esa gente vea que tiene que subordinarse, y que no van a andar por ahí con cómicas ni mamaderas de gallo.

—Entiendo, patrón. ¿A qué hora salimos?

—A las siete en punto debemos ir saliendo de aquí.

—De acuerdo, ¿y mientras tanto? —preguntó el

Mamaco.

—Sirve unos rones, que desde esta madrugada no me tomo un palo, y mi cuerpo ya lo empieza a sentir.

[…]

Casi al atardecer, llegó Oliver Matamoros a casa. Era el único que faltaba para dirigirnos a llevar a cabo la operación de involucrar más gente a nuestra organización de tráfico de drogas. A las siete y cinco subimos al auto de Begonio, y me cargué con cien gramos de cocaína; antes de partir, probé la mercancía, y luego salimos hacia el punto de encuentro. En el trayecto, me parecía que Begonio iba manejando de forma imprudente y audaz, lo que me dio a pensar que tal vez el Mamaco le había dado a probar cocaína; aunque en el fondo me daba risa, en el momento no quise hacer comentarios para no ponerlo más nervioso, claro, siempre y cuando alguna imprudencia no pusiera en riesgo la operación.

Subimos por la avenida 19 de abril, llegamos a Barrio Sucre y seguimos ascendiendo a la parte alta de la ciudad. Como el tráfico estaba fluido, no tardamos mucho en llegar.

—¡Matamoros!, ¿cómo son esos tipos? ¿De dónde los conoces?

—Son unos carajos con los que estudié de chamito, sus familias tenían billete, pero se perdieron con las drogas y nunca se pusieron a producir. Se gastaron toda la herencia, y ahí están.

—¿Son de confiar? —volví a insistir.

—Esos chamos no tienen agallas, ¿por qué crees que terminaron así? Eso sí, conocen bastante gente, y por eso serían un buen punto de venta, ya que son panas de todos los adictos de la ciudad. Son mellizos, uno se llama Gabriel, el otro Franco.

—No me habías dicho que eran hermanos, tampoco que eran sifrinitos dañados.

—¿Y eso, qué tiene que ver?

—Pues, coño, que quiero carajos comprometidos con el negocio, tipos pilas y no unos maricones que se dejen joder.

—Tranquilo, jefe, a esos tipos se les habla claro y ya. ¿Cómo te digo?.., esos carajos conocen a todos los adictos de la ciudad, sobre todo los de la parte baja, pues llevan años mezclándose ahí. Los tipos van a ser buenos vendedores. O si es del caso, luego les ponemos al lado un malandrito que les cuide las espaldas.

—No sé, no me termina de convencer. No quiero gente así en mi organización; por ahora vamos a darles la droga, les daremos la primera carga por adelantado para que saquen el billete, pero luego nos la tienen que pagar. Así, ellos luego nos compran y la revenden, pero siempre y cuando solo nos compren a nosotros.

—Ya te dije, esos tipos no tienen agallas, harán lo

que se les dice.

—¡Ya llegamos! —dijo Begonio—. Ese es el local, "El Maderero".

—Bajémonos, pues, ¿qué esperamos? —dije en voz alta.

—¿Lo espero aquí, patrón? ¿O me bajo con ustedes?

—Espéranos tú mejor en el auto; hum..te veo nervioso, ¿qué tienes? ¿Te metiste algo?

Begonio bajó la mirada y no respondió. Mientras tanto, todos nos apeamos del carro, Alirio bajó por la puerta izquierda, Oliver Matamoros y el Mamaco por la derecha, yo también bajé por la de copiloto, cruzamos la calle, y entramos al local.

—¡Gabriel! —exclamó Oliver Matamoros—. ¿Cómo estás, mi pana? —Saludó dándole un abrazo—. Te presentó a Luis Restrepo. Él es la persona de la que te hablé, nuestro jefe.

—Mucho gusto, señor —me dijo con un semblante intimidado.

—¿Qué tal? —le respondí estrechándole con fortaleza la mano.

El sujeto me miró sumiso con una especie de subordinación; súbitamente apareció quien debía ser su hermano, un tipo físicamente idéntico, pero con la cara un poco más dañada, y el cabello un tanto más largo; a él también le estreché la mano con rudeza.

—Franco, señor, mucho gusto.

–Luis Restrepo.

Tomamos asiento en una de las mesas y, al instante, una de las camareras con una falda corta y un busto gigantesco se acercó a preguntarnos si queríamos algo de comer.

–Yo podría comerme una hamburguesa con doble carne –acoté.

Los demás guardaron silencio, como esperando que también aprobara sus pedidos.

–Pidan, pelabolas, yo pago –grité.

El Mamaco pidió hamburguesa de chuleta, Alirio también. Luego Oliver Matamoros pidió una de pollo (imbécil), y para finalizar, yo pedí otra de carne para que le llevaran a Begonio. Definitivamente, esta gente cuando tiene hambre, demuestra que tiene poca cultura en sus modales para comer.

–Y bien, vamos al grano –le dije al par de imbéciles.

–Señor, nuestro amigo Matamoros nos ha dicho que quiere que formemos parte de su organización, créame que somos…

–Ya va, ya va, yo no he dicho nada de eso. Lo que vamos a hacer es lo siguiente: les daré veinte gramos de cocaína a cada uno que deberán vender para que puedan pagar su deuda, y luego, con la plata que recauden, me compran la siguiente carga de mercancía; de esa forma trabajaremos durante un tiempo, con ustedes pagándome la carga por adelantado y revendiéndola al precio que ustedes juzguen adecuado. Sí después de un tiempo veo que tienen determinación podemos renegociar y ver cómo mejorar nuestras relaciones comerciales. ¿De acuerdo?

—Señor, pero… —trató de acotar Gabriel.

—¿Estamos de acuerdo? —insistí.

—¡Sí! —dijeron los dos en forma simultánea.

—Ahora déjenme tranquilo para comerme mi hamburguesa. Cuando termine, iremos hacia el carro y el Mamaco, aquí presente, les dará la mercancía. No se olviden que quiero mi dinero en menos de una semana. ¿Estamos claros?

—¿Y cuánto dinero es ese? —preguntó Franco.

—¡Mierda!, ¿pero acaso tengo que repetir todo? El Mamaco les dará la mercancía y con él arreglarán las cuentas, porque yo no tengo tiempo para estar discutiendo esas minucias con ustedes, ¿está bien?

Fue así entonces como los hermanos guardaron silencio. Al rato llegó la mesonera con nuestras hamburguesas, mordí un bocado en la mía de doble carne, mientras que Alirio y el Mamaco también, tragaban como si nunca hubiesen comido en sus vidas. Acaso, ¿estos pendejos son realmente tan miserables?

—¡Salsas! —grité—. ¿No hay salsas en este lugar?

La mesonera volvió a acercarse y me trajo una

especie de salsa de queso, y una mostaza extraña; maldito país –pensé–. Me devoré la hamburguesa en un par de minutos, luego me paré de la mesa sin despedirme y me fui al carro a esperar a que el Mamaco culminara el negocio.

[…]

En menos de diez minutos ya estaba el Mamaco con Alirio y Oliver Matamoros en el carro.

–¿Viste, Begonio?, que aunque esta vez no hizo falta que usaras la pistola, debes ir acostumbrándote a cargarla.

–¡Sí!, ujum –respondió atragantándose con la hamburguesa.

–¿Qué tal la comida? –le pregunté.

–Mmm… buenísima –volvió a repetir con la boca llena.

–Begonio…

–¿Qué?

–¿No sabes que no debes hablar con la boca llena?

–¡Ajá, sí, sí!

Rápidamente Begonio terminó de comerse su hamburguesa y arrancamos.

–¿A dónde vamos ahora, patrón? –preguntó el conductor.

–Dale a Pirineos, que por allí queda una bodega que abre hasta tarde, y quiero comprarme unos cigarros –le respondí.

Cuando Begonio arrancó en esa dirección, y

atravesábamos las calles oscuras y mal pavimentadas del Barrio Sucre, de repente, unas motos de la Policía Nacional que van detrás de nosotros, comienzan a seguirnos.

—¿Qué será eso? —pregunta Begonio.

—Eso no tiene nada que ver con nosotros —le respondo—. Tú no te preocupes, y sigue conduciendo.

Pero cuando las motos hicieron sonar las sirenas, apareció también una patrulla.

—¿Estás seguro que no es con nosotros? —preguntó Begonio una vez más.

—¡No!, ¿por qué coño van a estar siguiéndonos esos carajos?

En ese momento uno de los motorizados se ubica a nuestro lado y toca la ventanilla.

—¡A la derecha!, ¡a la derecha!, estaciónese a la derecha.

—¿Qué hago, señor? ¿Me paro? —preguntó Begonio.

—No, sigue, sigue, no te detengas, y si es del caso, atropella a ese hijo de puta.

Pero mientras la otra moto también conduce del otro lado, la patrulla nos adelanta y nos hace reducir la velocidad.

—¡Deténganse!, deténganse, les repito, ¡deténganse ya!

—¿Qué hacemos? ¿Qué hacemos? —pregunta Begonio desesperado.

—Mamaco, ¿vas armado?

—Siempre, patroncito, usted sabe cómo es.

—Entonces, todos pilas, Begonio, párate y dejen que sea yo quien hable.

Paulatinamente Begonio comenzó a reducir la velocidad y se orilló a la derecha junto a la acera. Los dos motorizados descendieron de las motos, mientras que la patrulla se estacionó enfrente. Uno de los policías se acercó a la ventana.

—¡Señor!, llevamos rato haciéndole señas, ¿por qué no se habían detenido?

—Lo siento, pero ustedes saben que la inseguridad en este país está muy jodida. Ya uno no sabe si son malandros o policías —señalé.

—¿Acaso no ven ustedes los vehículos oficiales y las insignias? —preguntó el oficial.

—Cualquiera puede falsificarlos.

—Déjeme hablar con el conductor. ¿Tiene usted alguna relación con estos sujetos?

—Es un taxista que nos está haciendo una carrera.

—¡Señor!, le pedí que guardara silencio. Déjeme hablar con este sujeto.

—Soy un taxista nada más —contestó Begonio—, ¿sucede algo malo?

—¿Puede bajar del vehículo, por favor?

—Pero, oficial, podría decirme, ¿pasa algo malo?

—Permítame los papeles del vehículo.

—Por supuesto, de inmediato.

Begonio empezó a revisar la guantera del auto, y

en un sobre negro tenía todos los papeles del vehículo en regla y se los entregó al oficial en la mano.

—Cédulas de todos los que van en el auto, por favor.

Uno por uno fuimos entregándole al policía nuestras cédulas de identidad.

—¿Llevan armas, transportan drogas? —preguntó directamente el oficial.

—¡No, señor! —respondí.

—¿Es que los otros no pueden hablar?

—Uno de ellos está muy enfermo, y pensábamos llevarle a un hospital. Parece que le ha caído mal la comida.

—Hernández, por favor proceda a requisar a los sospechosos —dijo el funcionario.

—¿Sospechosos? ¿Sospechosos de qué? —consulté. El segundo policía se acercó entonces a revisarnos. De repente, la patrulla activó la sirena y arrancó, mientras el primero de ellos tomó el radio transmisor y preguntó qué sucedía; desde la patrulla le respondieron que había un secuestro express en proceso y que debían atenderlo de inmediato; el policía pidió refuerzos y prosiguió.

—¿Llevan armas encima? —preguntó una vez más.

—Ya le dije que no —volví a reiterarlo con un tono enfático.

—Estoy hablando con todos, no solamente con usted, señor —dijo el funcionario—. Hernández,

revísame a este, que tiene la bocota muy grande.
Entonces el segundo oficial se acercó, comenzó a requisarme, colocó sus manos en mis piernas desde abajo y empezó a subir rápidamente; luego me volteó, recostó mis manos sobre el auto y pasó las suyas por mi cintura.

—¡Mamaco! —dije ya exhausto.

—¿Sí, patrón?

—Bájatelos —ordené.

—¿Señor?

—Que te los bajes.

—¡Alto ahí!, alto ahí, todos quietos.

Rápidamente el Mamaco sacó su arma de la cintura, la desenfundó y accionó de inmediato atravesándole una bala en la cabeza al policía que intentaba requisarme. El primero, sorprendido, se llevó las manos a la cintura e intentó sacar su arma, pero el Mamaco le apuntó al pecho y le estrelló tres balas, una en el corazón, la otra en el cuello, y una tercera en el hombro; en cuestión de segundos, los policías cayeron fulminados al suelo.

—¿Qué hicieron? ¿Qué hicieron? —gritó Begonio.

—¡Salvarnos el pellejo! —dijo el Mamaco.

¡Todos de vuelta al auto!, todos, de inmediato —grité—. Alirio, toma tú el volante, tenemos que perdernos de aquí.

7

De vuelta a casa, comenzamos a especular sobre lo que había sucedido. Naturalmente, Begonio no paraba de temblar y estaba visiblemente asustado, pues jamás había participado en un tiroteo, y justo en sus primeros días de trabajo, le tocó presenciar la muerte de dos policías.

—Tranquilo, Begonio, que estas vainas no pasan todos los días. De hecho, es la primera vez que nos sucede. Yo tengo una hipótesis —dije.

—¿Cuál, patrón? —preguntó el Mamaco.

—Nos echaron la paja.

Los cuatro integrantes de la banda se miraron a los ojos. Mientras Begonio seguía en absoluto silencio, Alirio y Oliver Matamoros esperaban que el Mamaco se pronunciara.

—Matamoros, tuvo que haber sido tu gente.

Las miradas de todos se posaron repentinamente

sobre él, su rostro se empalideció en cuestión de segundos, y comenzó a transpirar profusamente mientras trataba de defenderse.

–No, jefe, jamás, ¿cómo va a decir eso? Es imposible.

–¿Entonces, por qué coño empezaron esos policías a seguirnos? ¿No les parece sospechoso? –pregunté en voz alta a todo el grupo.

–Pero, es que no, esos carajos, no, Luis, esos tipos para qué, ellos necesitaban la plata.

–¿Necesitaban?... ¿necesitaban?, ¿en pasado? ¿No es, más bien, que necesitan…?

–Claro, claro, es que, ustedes me entienden…

–No, nosotros no entendemos. Mamaco y Alirio, sujeten a Matamoros y amárrenlo a una silla, que aquí hay gato encerrado.

–¡Coño, Luis!, ¿qué te pasa? ¿Tú te volviste loco, acaso? Nosotros somos panas, y prácticamente iniciamos esta vaina juntos, ¿para qué te iría yo a vender?

–Yo no he dicho que tú nos hayas vendido, dije que pudo ser tu gente, así que tú mismo eres el que se está incriminando.

–Pues, si de bolas, me estás mandando a amarrar…

El Mamaco y Alirio se le fueron encima a Oliver Matamoros, pero este alzó sus brazos en posición de defensa.

–Si opones resistencia o te pones violento, estás

dando a entender que sí la cagaste, o que algo tuviste que ver en esto.

—De bolas, no me voy a dejar joder, ¡coño!, bájenle dos. Yo soy aliado de ustedes.

La pura fuerza del Mamaco fue suficiente para doblegar a Oliver Matamoros; en cuestión de segundos lo tiró al piso en medio de sus protestas y le amarró las manos a la espalda.

—Ahora sí vamos a hablar claro —dije.

—Te repito, yo no tuve nada que ver, ¡coño! Si yo iba en el carro con ustedes y nos detenían, entonces a mí también me iban a joder.

—Entonces deja de comportarte como un maricón y de defender a esos hijos de puta.

—¿A quiénes?

—¿Cómo que a quiénes? Pues, a esos morochos de mierda a los que les dimos la droga.

—Pero, es que yo no creo…

—¡A mierda!, ¿vas a seguir? ¿Te quieres joder con ellos, Matamoros?

—No, no, no es eso, es solo que…

—Escúchame muy bien lo que vamos a hacer…

—¿Qué?

—Vas a llamar a uno de esos dos malparidos, y les vas a decir que yo decidí darles más gramos para comenzar porque les dejamos muy poca mercancía, y que debemos encontrarnos de nuevo. Cuando les preguntes dónde se encuentran y nos digan su ubicación, entonces el

Mamaco va a ir con Alirio a buscarlos, van a secuestrar a uno de los dos, y ellos verán si prefieren venir por su cuenta o en forma violenta. Una vez que lo tengamos aquí, le vamos a pedir al que quedó suelto que nos traiga la plata de la mercancía que nos debe, y averiguaremos si nos vendieron o no.

—¿Y si no quieren venir?

—Pues eso querrá decir que algo huele mal.

—¿Entonces, si aceptan reunirse, quiere decir que no pasó nada?

No, no necesariamente. Ha pasado muy poco desde nuestro encuentro, y no deben tener la menor idea de lo sucedido.

—¡Begonio!

—¿Sí, señor?

—Préstame tu teléfono celular.

—¡No! —dijo Oliver Matamoros, esos carajos no van a contestar números desconocidos. Llámenlos desde mi teléfono, ahí está el número.

—¿Y dónde está tú teléfono?

—En mi bolsillo.

—Alirio, sácalo.

Alirio requisó los bolsillos de Oliver Matamoros y sacó su teléfono.

—¿Cómo están registrados?

—Morocho Gabriel.

—Ya les voy a marcar. Y recuerda, habla como si nada hubiera pasado, pues a la menor pista que les des…

—Ya sé, ya sé, yo no tengo nada que esconder, ¡joder! Solo que no creía y todavía sigo sin creerlo, que esos panas hubieran sido capaces de echarnos la paja. Pero eso ustedes lo averiguarán.

Marqué el número del tal morocho Gabriel y acerqué el auricular al rostro de Oliver Matamoros poniendo el altavoz; cuando el tipo contesta la llamada, su voz no revela ningún indicio de intranquilidad. Oliver Matamoros le saluda, le pregunta si todo va bien, y el sujeto conversa de forma natural, aunque se sorprende un poco cuando Oliver Matamoros le comunica que estamos dispuestos a darle más mercancía; sin embargo, sin ningún titubeo, el tipo le cuenta que siguen en el negocio de su prima. Entonces, ¿si habrá tenido algo que ver con lo sucedido, o todo fue una simple casualidad? ¿Y si no fue él, sino el hermano suyo? ¿Cómo saber?...

—Ya lo escucharon, están todavía en el negocio. Vayan a buscarlos —ordené a el Mamaco y a Alirio—; Begonio se quedará conmigo vigilando a Matamoros.

—A mí, no hace falta que me vigilen, pues no tengo intención de ir a ninguna parte —acota Oliver Matamoros.

—Aquí quien da las órdenes, soy yo —respondí.

¡Señor! —acota el Mamaco.

—¿Qué sucede?

—¿Cree usted conveniente que salgamos en el taxi de Begonio, después de lo que acaba de ocurrir?

—Tienes razón, Mamaco, vayan en el auto de Erika, Alirio tiene las llaves.

—Sí, señor.

—Y, Mamaco…

—¿Señor?

—Tráigame a Franco, no a Gabriel. Algo deben esconder esos tipos.

—¿Al otro lo dejamos libre?

—Sí, pero déjenle bien claro que quiero el dinero de la droga que les di, más la cocaína, o que, de lo contrario, mataremos a su hermano.

[…]

Intenté sin éxito sacarle alguna información a Oliver Matamoros durante los minutos que siguieron. Pero con el paso del tiempo, fui empezando a descartar que hubiera tenido alguna participación en los acontecimientos, aunque no por ello estaba excusado completamente, porque igual era un estúpido por habernos confiado a gente así.

—Te mantendremos atado para que los morochos sepan a qué atenerse, porque nadie le falta al respeto a Luis Restrepo.

—Luis, nosotros somos amigos, y tú sabes muy bien que puedes confiar en mí.

—Matamoros, los amigos no existen, lo único que existe son los negocios.

Empecé a deambular alrededor de la casa con cierto nerviosismo, porque si nos tendían otra trampa podríamos estar en peligro; fui a mi habitación e inhalé dos rayas de cocaína, luego caminé hasta el balcón y encendí un cigarrillo. Los minutos se me hacían eternos, y la ansiedad crecía al ver que el Mamaco y Alirio tardaban en llegar. Bajé una vez más a la sala donde manteníamos atado a Oliver Matamoros.

—Begonio, ¿quieres una cerveza?

—Uy, patrón, una cerveza me caería del cielo en estos momentos para bajar la angustia.

—Tranquilízate, todo va a estar bien.

Fui a la nevera y saqué un par de cervezas. Begonio abrió la suya con los dientes y se la tomó en cuestión de segundos.

—¿A mí no me vas a invitar? —preguntó Oliver Matamoros.

—Tú sigues siendo un prisionero hasta que aclaremos la situación con esos hijos de putas morochos.

—Espero que todo esto sea un malentendido y nada más.

—Yo espero no tener que meterte a ti una bala en la frente.

—No puedo creer que sigas desconfiando de mí.

—Yo no desconfío de ti, desconfío de todo el mundo y hasta de mi mujer, Matamoros. La vida de un traqueto no es fácil.

Pasaron unos minutos más y llegó el auto de Erika.

—Al fin llegaron, ¡Begonio! Acércate a la entrada y percátate de que todo esté bajo control.

—Sí, señor.

Al instante, veo a uno de los morochos ingresar a la casa con el rostro sangrando y el Mamaco apuntándole a la cabeza con una pistola.

—¿Eres Franco, o Gabriel?

—Ya les dije que yo era Franco.

—¿Y yo qué voy a saber cuál de los dos eres, maldito? —le grité. Acto seguido le pateé los testículos y cayó al suelo.

—¡Matamoros!, habla con él, que confiese.

—¡Franco! —le dijo, ¿sabes lo que acaba de suceder?

—¡Amarra a ese maldito a una silla, con fuerza, que le duelan las muñecas! —acoté.

—No, no sé nada. Creí que teníamos un trato, yo pensaba que ustedes eran gente seria.

—¡Maldito, animal!, yo soy gente seria —grité—, pero alguien nos echó la paja, y los únicos que pudieron haber sido son ustedes.

—Nosotros no hicimos nada.

—¿Sabes lo que pasó? —pregunté.

—No, no tengo la menor idea.

—Al salir del negocio donde nos reunimos, empezaron a seguirnos unos policías, y tuvimos que matarlos. Aunque no me importa haberle quitado la vida a esos dos mal nacidos, fue algo que sucedió a la luz pública, y eso me preocupa porque puede llegar a exponernos; alguien cantó y nos delató, y si no fue Matamoros, tuvieron que haber sido ustedes.

—¿Y cómo saben que no han venido siguiéndolos desde hace tiempo? ¿Nosotros para qué querríamos entregarlos?

—Eso, no lo sé, y si lo supiera, ya no estarías con vida para contarlo.

—Nosotros no hicimos nada y no tuvimos nada que ver; solo queríamos trabajar con ustedes, pues necesitábamos el dinero.

—¿Han vendido antes?

—Bueno, no exactamente; apenas en algunas fiestecitas, una que otra cosa, pero…

—¿Y por qué querer empezar ahora?

—Conocemos a Oliver desde hace años, cuando nos topábamos en esas fiestas; y bueno, la situación está jodida, uno tiene que comer, y ya no es como antes.

—Mira, pedazo de maldito: aquí alguien nos echó la paja, y es mejor que empieces a hablar antes de que te meta una bala en el cráneo.

—Pero, de verdad, ¡lo juro!, lo juro, que no hemos tenido nada que ver.

—¿Entonces, quién hijos de putas fue? —Exclamé, y desaté mi furia con un golpe a su rostro que terminó por reventarle la nariz—.

–No sé, no lo sé. Por favor, tienen que creerme, tienen que creerme.

–¡Mamaco!

–¿Sí, señor?

–¿Le dijiste a su hermano que nos trajera el dinero?

–Sí, señor.

–Tú que conoces a tú hermano, ¿crees que nos traerá el dinero? ¿O te dejará morir en este lugar?

–Él traerá el dinero, lo va a traer, lo juro, lo juro.

–Llámalo y dile que si no está aquí en una hora con el dinero, vas a morir; además, dile que venga solo, porque si llegamos a ver que viene con alguien más, eres hombre muerto e incluso tus tías, tus primas, tus padres y abuelos si están vivos serán quemados junto a los cadáveres de tus tatarabuelos. ¿Me escuchaste, pedazo de mierda?

–Sí, sí señor, sí señor.

–Ahora, llama a tu hermano, y no quiero cómicas.

[…]

A los cuarenta minutos comenzó a sonar el teléfono. La llamada es de Gabriel anunciando que ya está afuera en la entrada de la casa.

–Mamaco, ve y asómate; asegúrate de que venga solo y luego le abres.

–Está bien, patroncito.

Luego me dirijo una vez más a su estúpido

hermano que llora en la silla tratando de despertar lástima:

—Si ese hijo de puta no trajo el dinero…

—Lo trajo, lo trajo..,

Suena la puerta y entra el Mamaco que viene apuntándole la pistola en la cabeza del morocho.

—¿Trajiste la plata? —pregunto.

—Solo encontré cien mil bolívares —responde.

—¿Cien mil bolívares? ¿Cien mil bolívares? —resoplo. ¿Eso vale para ti la vida de tu hermano? Pinches cien mil bolívares.

—Perdón, pero fue todo lo que pude conseguir.

—Mamaco, ata a ese hijo de puta también, y vamos a averiguar qué fue lo que pasó.

—Entonces, ahora que tienen a los dos aquí, ¿pueden soltarme a mí? —gritó Oliver Matamoros.

—¿Y es que ahora eres tú quien da las órdenes, maricón? —le respondí.

—No, pero…

—Nada, te callas. Vamos a llegar al fondo de esta situación.

—Listo patrón, ya está amarrado el cochino este —dice el Mamaco.

—Perfecto, a ver, ¿dónde traes el dinero? —pregunto.

—Se lo di al Mamaco en el bolso que traje junto a la droga.

—¿Ya lo revisaste, Mamaco?

—No, patrón.

—Pues, adelante. Revisa a ver si está todo lo que dice él que hay allí.

El Mamaco abrió el bolso y sacó la droga, y luego empezó a contar el dinero.

—Hubieses traído dólares, plasta de mierda.

—Pero, señor…

—¡Cállate!

Luego de un rato, el Mamaco terminó de contar todo el dinero.

—Está todo aquí.

—Perfecto. Ese dinero se lo repartirán entre Alirio, el Begonio y tú.

—Gracias, patrón, es usted muy generoso.

—Ahora, volvamos al asunto principal. Gabriel, ya que tu hermano no ha querido decirnos, dime, ¿con quién nos vendió? ¿Por qué llegó la policía a seguirnos?

—Señor, le juro que…

—¡Error! —grité, metiéndole un puño en el ojo derecho—. ¡Error!, maldito error, ¿vas a cometer acaso los mismos errores que tu hermano? ¿Vas a pretender burlarte de mí?

—Señor, pero…

—¡Mamaco!, búscame un cuchillo en la cocina, que aquí vamos a tener que comenzar a desmembrar partes del cuerpo.

—¡No!, no, por favor, de verdad, no hicimos nada, ¡no hicimos nada! —gritaba Franco desesperado.

—¿Gabriel, no vas a hablar? —pregunté una vez

más.

—No tengo nada que decirle, señor.

—De acuerdo. Mamaco, hazme el favor de cortarle el dedo meñique de la mano derecha al señor aquí presente.

—¡No, no!, por favor, de verdad… —gritaba Franco.

—¿A cuál de los dos patrón?

—A Gabriel.., vamos a ver si va a hablar o no…

El tal Gabriel ni se inmutaba; y aunque trataba de reflejar serenidad en su rostro, ya veríamos si podía continuar tan impasible una vez empezáramos a torturarlos. Mamaco se aproximó, y comenzó a blandir el cuchillo frente a su rostro.

—Patrón, este se cree muy machito.

—Pues, entonces dale, quítale un dedo.

Cuando el Mamaco agarró el cuchillo y separó el dedo meñique a un lado, Gabriel comenzó a gemir y a temblar asustado. Al comenzar a cortar lenta y progresivamente la falange, el morocho se desató a gritar horrorizado, y a pesar de que le metí una bola de papel en la boca, aún seguía gimiendo de dolor mientras del muñón se escapaba su sangre a borbotones. Curiosamente, como por una conexión de empatía entre gemelos, su hermano Franco también gemía como si a él también se lo estuvieran cortando. Cuando el Mamaco hubo terminado de cercenarlo, agarré el meñique con los dedos de mi mano y lo puse frente a sus ojos, y Gabriel comenzó a llorar.

– Por lo visto, ahora no somos tan machos.

Le quité la bola de papel de la boca.

–¿Todavía no tienes nada qué decir?

–No, no, no tengo nada que…

Volví a meterle la bola de papel en la boca.

–Mamaco, pásame el cuchillo.

Lo tomé con mis manos, y con la punta comencé a hendirlo con fuerza en su rostro.

–Te dejaré una cicatriz muy atractiva –le dije.

Entonces comencé cortarle la piel del rostro, y su cara comenzó a sangrar.

–¡Habla, habla, maldita sea, por favor, Gabriel! –gritó su hermano Franco.

–¡Ah!, ¿entonces si hay algo que tienen que decir? –pregunté.

Volví a extraerle la bola de papel de la boca, pero nada, Gabriel seguía reacio a querer hablar, y a cambio comenzó a insultarme el muy hijo de puta, dándoselas de arrechito.

–Está bien, está bien. Yo sé que eres muy bravo, pero ya sé que vamos a hacer. Mamaco, ve y córtale el cuello a su hermano, y vamos a ver si así este hijo de puta recapacita.

–¡No se atrevan, no se atrevan! –gritó.

El Mamaco se acercó con el cuchillo ensangrentado a Franco.

—¡Maldita sea!, habla, habla, por favor, no quiero morir, ¡no quiero morir! –gritó Franco.

Cuando el Mamaco puso el cuchillo en el cuello de Franco y comenzó a cortarlo, Gabriel gritó.

—¡Ya, ya, basta ya, por favor!, hablaré, hablaré.

—Ahora sí nos estamos entendiendo –respondí–; déjalo vivir un tiempo más Mamaco; ahora veremos si nos dicen la verdad.

Entonces el Mamaco se apartó de su cuerpo y Franco comenzó a respirar agitado. Estaba bañado en sudor de los nervios y había llegado por fin el momento de que nos confesaran la verdad.

—Primera pregunta: ¿qué tiene que ver nuestro amigo Oliver Matamoros en todo esto? –consulté.

—Oliver no sabía nada. Hace un mes, en una fiesta, nos dijo que estaba vendiendo cocaína y nos ofreció, a lo que nosotros le dijimos que no, porque a nosotros nos vende Costello y nos da crédito. Casualmente, un día que fuimos a comprarle, una cosa llevó a la otra, y no sé porque le dijimos que Oliver Matamoros estaba vendiendo con un tipo de apellido Restrepo que estaba en la fiesta con él; fue ahí entonces que el Costello enloqueció…

—Mamaco, suelta a Matamoros; ahora prosigue.

El Mamaco fue y liberó a Oliver Matamoros cortándole la cuerda que lo mantenía atado.

–Luis… –dijo Oliver Matamoros.

–¿Cómo dijiste?

–Disculpe, señor, ¿puedo irme? No me siento bien.

–¿Te puedes ir? ¿Te puedes ir? ¡No!, por supuesto que no; todo esto también es tu culpa y te quedarás hasta el final. Ahora, volviendo a ustedes morochos de la gran mierda, ¿entonces fue por ello que nos enviaron la policía?

–No, no, nosotros no hicimos nada de eso; Costello nos amenazó, y nos dijo que si no colaborábamos con él nos mataría. Ahí fue que iniciamos conversaciones con Oliver para unirnos supuestamente a ustedes, pero Costello fue quien lo arregló todo.

–Pero, ya va, y la policía…

–¿La policía? Costello tiene amigos en la fuerza pública, y ustedes saben cómo es eso; el ochenta por ciento de los policías están volteados, y muchos son malandros con uniforme.

–¿Entonces, los sujetos que nos interceptaron fueron enviados por Costello?

–Debieron haber sido enviados por él.

–Debieron no, aquí no estamos para suposiciones, estamos para hablar de hechos.

–Ese era el plan: nosotros cuadraríamos con ustedes y luego él los mandaría a interceptar.

–¡Ah!, entonces fue el hijo de puta ese. Ya está, nos declaró la guerra. ¡Mamaco!

—¿Sí, patrón?

—Deshazte de estas dos basuras.

—¡No!, no, por favor, no nos mate, no nos mate.

—Amigos, ustedes nos vendieron, y en este negocio las cosas son así.

—Podemos trabajar para ustedes, y haremos lo que nos digan.

—Lo siento, pero no trabajo con malditos soplones.

El Mamaco tomó la pistola para dispararles.

—No, Mamaco, con la pistola no, porque harías mucho ruido; además, no vale la pena malgastar balas en ellos. Usa el cuchillo, clávalo en sus corazones, degüéllalos y les cercenas el cuello, como quieras, pero no gastes las balas en basura como ellos. Si quieres descuartízalos y luego hacemos una parrillada con ellos, me da igual.

—¡Señor, disculpe!, ¿ahora si me puedo ir? —volvió a preguntar Oliver Matamoros.

¡No, Mamaco!, ¿sabes qué?, cambié de opinión; no los mates tú, porque Matamoros es quien se va a encargar de matarlos.

—¿Qué? —gritaron los dos al mismo tiempo.

—Patrón, pero si yo quería bajármelos.

—No, Mamaco, deja que Matamoros lo haga, pues él fue el que nos metió en este embrollo, y él mismo lo debe acabar.

—Luis, pero...

—Que lo hagas...o si no te bajas también a

Matamoros, Mamaco, pues ya es hora de cada quien vaya asumiendo sus propias responsabilidades.

Cuando Franco y Gabriel comenzaron a gritar, le pedí al Mamaco que tapara sus bocas junto con Alirio, y obligué a Oliver Matamoros a que los mandara a la otra vida rápidamente; cuando Oliver Matamoros tomó el cuchillo en sus manos, no podía creer lo que estaba por hacer, sus manos temblaban, transpiraba profusamente y de su frente caían copiosas gotas de sudor.

—¡Hazlo rápido!, eres tú o ellos.

Entonces clavó una cuchillada en la garganta de Franco, y luego de extraerlo ensangrentado, hundió el puñal de inmediato en el pecho de Gabriel.

8

Las ratas tienen que morir, y en una declaración de guerra, es mejor asestar el primer golpe a esperar que lo sorprendan a uno primero. Nunca me imaginé que Costello fuera capaz de tenderme una emboscada sin previo aviso; ya José Pasto me había advertido que debía encargarme de él, pero cometí el grave error de haberle dado largas al asunto. En el narcotráfico las balas no esperan a que uno se acomode.

Le pedí al Mamaco que se deshiciera de los cadáveres para evitar tener nuevos problemas con las autoridades. Luego de desmembrar todas sus partes, Mamaco picó en pedazos los cuerpos de los morochos, después los metimos un rato al horno y finalmente los echamos a los perros para que los cagaran y no quedaran rastros de esas escorias, salvo la mierda que fueron y en la que se convirtieron.

Hoy aparecieron reseñadas en el periódico las muertes de los dos policías por Barrio Sucre en manos "del hampa"; pero esos cabrones de la prensa piensan equivocadamente que todos esos crímenes se producen porque la policía quiere detener a los bandidos, cuando en realidad son el resultado del conflicto en el que ellos mismos toman parte cuando quieren apoderarse de nuestro negocio.

De todas maneras, aunque las investigaciones oficiales nunca conducirán a nosotros, debemos estar atentos y cuidarnos del factor sorpresa puesto que ya sabemos que Costello es quien está detrás de todo, y es muy capaz de denunciarnos y vendernos a los miembros de la fuerza pública.

Por lo visto, había llegado el momento de convertirme y actuar como un verdadero paranoico. Como el carro de Begonio ya debía estar fichado, le pedí que lo vendiera, y una vez se efectuó el negocio, nos compramos un nuevo carro particular, mientras yo me compré una camioneta que mandé a blindar. A pesar de que me gasté en eso casi todas las ganancias de los últimos meses, debido al incremento en las últimas ventas de nuestra mercancía, aún tenía un buen flujo de caja que me permitiría seguir operando sin problemas.

Como el Mamaco era mi hombre de confianza

más astuto y audaz, le encomendé la misión de espiar y seguir bien de cerca todos los movimientos de Costello para preparar el golpe final; entre todas las cosas que debía averiguar se encontraban sus horas de salida y entrada de la casa, la gente que frecuentaba, si tenía una o varias mujeres, a qué hora duerme, qué come, cuántos guardaespaldas carga encima, en fin, todo lo necesario para elaborar un plan de ataque y hacerle la vida añicos, deshacernos de él y empezar a controlar todo el mercado de cocaína de la ciudad. Begonio fue el encargado de movilizar al Mamaco hacia todos lados para implementar aquella operación de seguimiento y espionaje. Aunque no confiaba mucho en Alirio, consideré que para preparar el golpe, lo mejor era que él se quedara conmigo cubriéndome las espaldas.

Le seguí escribiendo a Luciana hasta que un día, finalmente, se dignó en responderme. Cuando se enteró de la invitación que yo le había extendido a Los Roques, de repente su carácter cambió, y al preguntarme por su prima Erika, yo aproveché para decirle resueltamente que habíamos terminado. Fue en ese mismo momento en que decidí volver a casa a decirle a Erika que hiciera las maletas y se largara. Ante su amenaza de llevarse a la niña, le respondí que hiciera todo lo que se le viniera en gana, pero que si a Clara le llegaba a suceder algo, se las iba a ver conmigo. Fue así como Erika se largó definitivamente para no volver más…, pues esa puta ya me tenía harto con todos sus prejuicios morales.

Después de seguir insistiéndole, por fin Luciana me aceptó la invitación a salir, pero, según ella, solo con la condición de no contarle nada a nadie, mucho menos a su prima; por supuesto que yo acepté dichoso, porque lo único que me importaba era meterme entre sus piernas y hacerla gemir de placer.

Ninguna mujer puede resistirse a la tentación del dinero. Para ellas el dinero es lo mismo que es para nosotros unas tetas turgentes y voluptuosas, porque atraen y seducen así haya una cara horrible encima de esos atributos.

Así fue como una noche fui y la busqué en mi camioneta nueva y nos dirigimos a uno de los restaurantes más exclusivos de la ciudad ubicado arriba en las montañas; allí pedimos un par de botellas de vino y cenamos carne de cerdo con verduras. Pero a pesar de todas las atenciones, aquella noche mágica Luciana se hizo la dura, y sin importarle que ya había aceptado mi invitación, ni siquiera me dejó besarla; creo que si hubiese sido cualquier otra mujer, la hubiera dejado botada en medio de la carretera. Por eso, ahora debía tener paciencia, tenía que contener mis ganas, porque pensar en tener que cogerla a la fuerza y violarla, era echar a perder la relación y los planes que tenía con ella, alejarme de la posibilidad de contar con la exclusividad de esa vagina para mí solo y disponer de ella las veces que se me antojara.

Cuando fui a dejarla a su casa, me preguntó si la invitación a Los Roques todavía seguía en pie e iba en serio; yo, por supuesto, aunque en ese momento no tenía mucha liquidez, y sabía que ya me las arreglaría, le dije que sí, que saldríamos la próxima semana. Por fin, esta era la oportunidad de perderme unos días de la ciudad y aprovechar a meterme entre las piernas de Luciana, mientras que el Mamaco me alistaba toda la información sobre Costello para armar el plan y proceder a darle el golpe definitivo a ese hijueputa y sus secuaces.

9

En tan solo una fiesta de enchufados, de los casi cincuenta gramos de cocaína que llevamos, vendimos casi la mayor parte. Para los que no lo saben, es en esas fiestas donde se gastan y derrochan los recursos del erario público del Estado venezolano, el presupuesto de la nación se despilfarra en putas que atiborran de cocaína para que luego los allegados al gobierno se las cojan. Por eso el dinero que debería estar destinado a construir escuelas, alimentar a la gente de escasos recursos, pavimentar las carreteras, y mejorar los servicios básicos del país, se va en putas, alcohol y drogas para los insignes enchufados de Venezuela. ¿Es gracioso, no?

Comparado con cosas así, lo que hacemos las personas como yo parecen una tontería o un juego de niños, pues al menos el dinero que yo me gasto en putas y en Luciana me pertenece, no se lo he robado a nadie ni se lo he quitado a niños con desnutrición, ni tampoco es un desvío de recursos públicos que se supone deberían estar destinados a favorecer a las personas que pagan sus impuestos.

Así sea producto del narcotráfico, el dinero mío es lo mío, y aunque de drogas, pero es mío al fin y al cabo. Además, después de todo, ¿quién dijo que las drogas eran malas? ¿Acaso porque unos imbéciles con corbata decidieron que era ilegal producirlas y venderlas? Mientras que en las farmacias y droguerías convencionales se la pasan drogando a las personas y nadie se pronuncia ni protesta, en las licorerías se vende alcohol legalmente sin importar que la mitad de la población se la pase borracha y que nadie se atreva a decir un carajo. Pero, ¡uy sí!, si se trata de cocaína, es un gran problema, cuando hasta el mismo Sigmund Freud se jalaba la nariz y nadie se interpuso ni criticó nada. Definitivamente, vivimos en sociedades demasiado hipócritas.

Una vez que dispuse de un poco de liquidez y reuní el dinero suficiente, fui a comprar los pasajes para viajar a Los Roques. Cuando se lo comuniqué a Luciana, me pareció increíble que apenas se lo dije, comenzó a expresar sus dilemas y prejuicios morales de que su prima, que nuestra hija, que esto y aquello y todo lo demás, frente a lo cual le respondí que se dejara de estupideces, porque la relación con Erika ya era una relación fallida mucho antes de conocernos…

Pero al igual que las mujeres no pueden ser señaladas solo como el prototipo de criaturas interesadas y desalmadas, antes de que vengan a cagarla también tienen que sufrir y sacrificarse un poquito para que uno no vaya a pensar del todo que son un pedazo de porquería. Pasa igual a cuando uno se las coge la primera noche que las conoció: a pesar de que se desnudaron desde el primer día, luego de que las cogiste, empiezan a arrepentirse y a decir que ellas no son así, que nunca hacen eso, que fue la primera vez, que no vayas a pensar mal de mí…etc., etc., ¡imbéciles!.

El domingo por la noche fui a casa de la mamá de Erika a despedirme de Clara, pero la vieja puta del coño esa no quería dejarme entrar, diciendo que yo había tratado muy mal a su hija y yo no sé qué cuantas cosas más. Si no hubiera sido por Erika que tuvo que intervenir oportunamente para que se hiciera a un lado, la cosa pudo haberse puesto mucho peor, puesto que yo no estaba dispuesto a tolerar esa falta de respeto. Entonces, cuando ingresé a la casa, fui a cargar entre brazos a mi hija, le besé la frente y le musité que me iría de viaje un par de días y regresaría. Sin despedirme, me di media vuelta y salí de allí de regreso a mi casa para hacer las maletas sabiendo que mañana a esta misma hora estaría con Luciana en un hotel de Los Roques teniéndola a mi entera disposición.

[…]

A las siete de la mañana, cuando pasé a recoger a Luciana a su casa, salió con un short blanco y una blusa escotada que casi no me lo podía creer; sentía que ya no podía aguantarme a que llegara la hora de tener esas tetas en mis manos, y salimos hacia el aeropuerto de Santo Domingo.

Begonio tomó la carretera principal para llevarnos al aeropuerto. Salimos acompañados del Mamaco porque alguien como yo no puede darse el lujo de estar solo por allí sin protección. Aquella mañana hacía calor, y luego de llegar al aeropuerto cuarenta y cinco minutos después, nos desayunamos con unas arepas. Milagrosamente, el vuelo que estaba programado para las nueve y cuarenta y cinco de la mañana, salió puntual, y llegamos a Maiquetia un poco antes de las once según lo planeado. A las dos de la tarde partimos hacia Los Roques, y desde la ventanilla de la avioneta que nos transportaba podía divisar ese hermoso mar azul que rodeaba las costas de nuestro país. Desde la altura de aquella inmensidad, lo único que aquel aire diáfano me inspiraba y me hacía pensar y repetir en silencio era: algún día, toda esta mierda será mía.

A las tres de la tarde, llegamos al archipiélago de Los Roques, y aterrizamos en un aeropuerto pequeño; de inmediato fuimos a la posada en que nos hospedaríamos, nos registramos y tomamos nuestras habitaciones con vista al mar, palmeras a su alrededor, y una sensación de calma que no se siente en ningún otro rincón de este país. En ese lugar me sentía en otro mundo. Hay imbéciles que dicen que el dinero no compra la felicidad, ¡malditos estúpidos!, no sé entonces cómo harían para pagar un viaje a Los Roques con una mujer como Luciana; ¿acaso será con buenas intenciones?

Pero apenas llegamos a la posada, Luciana se puso otra vez con sus estupideces y melindres:

—Luis, pensé que cada uno tendría su habitación.

—¡Por Dios!, ¿vinimos hasta Los Roques juntos, solo para dormir separados?

—Pero es que, Luis, nosotros no somos pareja.

—¡Coño, Luciana!, no me salgas con esto en este momento por fa…

—Ya, ya, está bien. Pero tú duermes en el sofá, y no puedes verme mientras me cambio.

—Sí, sí, como digas, como digas.

Salimos detrás de una camarera que nos llevó a nuestra cabaña a la orilla del mar, pedí una botella de vino tinto para la habitación y serví unas copas para brindar.

—¿Piensas emborracharme? –preguntó Luciana.

—Luciana, yo no sé tú, pero yo vine a relajarme y a pasarla bien.

Tomé mi copa y a los minutos ella tomó la suya, bebió un par de sorbos y dijo que se pondría el traje de baño para ir a la playa. Cuando se encerró en el baño, yo aproveché para sacar mi short y también me cambié; en el momento en que ella salió, yo ya estaba listo también y me había tomado dos copas de vino.

—A ese paso nos quedaremos sin vino antes del anochecer —me dijo.

—Podemos pedir todas las botellas que queramos.

Cuando salimos hacia el toldo de la playa, un mesonero llegó a atendernos de inmediato.

—Sí, señor, ¿qué puedo ofrecerles?

—Tráenos otra botella de vino tinto, esta vez con chinotto, por favor; queremos tinto de verano con mucho hielo.

—A sus órdenes, señor, de inmediato.

—¿Estás bien con eso? —le pregunté a Luciana.

—Sí, está bien, necesitamos algo refrescante.

En frente mío tenía el agua más cristalina que había visto en toda mi vida, al lado a la mujer más hermosa y despampanante que jamás hubiese observado. ¿Acaso no está todo perfecto ahora? Solo reinaba la paz, la calma, el silencio, la armonía, el sosiego…, aquí no había espacio para malandros, no habían de esos hijueputas guardaespaldas o narcotraficantes; estábamos solo ella y yo, en medio de muchos turistas alemanes, españoles, brasileños, gente de todas partes del mundo, gente con dinero, gente con poder, en fin, ese tipo de gente de la que debe rodearse alguien como yo. En un par de minutos llegó el mesonero con el tinto de verano, y bebimos un par de copas mientras conversábamos. Cuando Luciana comenzó a hablar de su trabajo, yo le dije que debía renunciar, que se quedara conmigo que nada le iba a faltar; me respondió que si estaba loco. Y sí, por supuesto que estaba loco, loco por ella, desquiciado, enfermo con su cuerpo, obsesionado, demente, con ganas de violarla, estrujarla, hacerla mía, pero de manera concertada y consentida.

—¿Quieres ir al agua? —le pregunté.

—¿Y dejaremos las cosas aquí?

—Estamos en Los Roques, no pasará nada.

Caminamos por la arena blanca hasta llegar al mar y nos sumergimos en el agua salada. No podía dejar de contemplar su figura escultural, estaba pendiente de cada movimiento de Luciana, viendo cómo sus curvas se compenetraban perfectamente bajo la diminuta tela que cubría su cuerpo; esas tetas, esas piernas, ese culo.., ¡oh!, ¡maldita sea!, todo eso me enfermaba. Hubo un momento en que me acerqué a ella dentro del agua, la abracé y ella reaccionó abrazándome calurosamente; ahí sentí que la tenía cada vez más cerca.

—Ya vengo —le dije…

—¿A dónde vas? —me preguntó.

—Voy a pedirle algo al mesonero y vuelvo.

Salí del mar, volví al toldo y llamé al mesonero; el tipo vino rápidamente, ¡esto si es lo que se llama una buena atención!

—Amigo, escúchame, sé que esto es una isla, y que todo es más caro y complicado, pero necesito que me consigas cocaína, y no me importa a qué precio.

—¿Cómo?, señor…

—No quiero excusas, ni me importa lo que cueste, lo pagaré.

—Pero, yo no, yo no tengo…

—No me importa. Consíguela. Pregúntale a alguien que debe saber; simplemente ve y búscala y consíguela que te pagaré lo que sea.

—Pero, pero, pero…

—Pero, nada, chico. Mira, aquí tienes, te daré trescientos dólares, ¿quieres cuatrocientos? Ten, te doy cuatrocientos, pero ve y me traes cocaína, agárrate cien dólares para ti si quieres; ¿ves esa cabaña que está allá? Allí me estoy alojando, y cuando la consigas, me la llevas por favor.

—Sí, señor, está bien.

¿Ya ven que el dinero todo lo arregla? Amo el poder que dan esos billetes verdes.

[…]

Observé detalladamente cada instante desde que Luciana salió de la playa para volver al toldo; dijo que quería broncearse, y se puso de espaldas, se soltó las tirillas del traje de baño, y apenas a un par de metros habían quedado sus pechos desnudos pero sin poderlos acariciar.

—Échame aceite en la espalda por favor —me dijo.

—Claro, claro, ya voy.

Casi no me lo podía creer. De repente me vi allí en medio de Los Roques con mis manos en la espalda de Luciana enloqueciéndome; le ofrecí otra copa de tinto de verano, y la aceptó, pero no veía la hora en que ese hijo de puta mesonero me trajera la cocaína que me ayudara a perder los estribos.

Después de un rato, me pidió que le amarrara de nuevo el traje de baño, y luego de anudarlo, giró su cuerpo y comenzó a broncearse de frente, al tiempo que seguía tomando otras copitas de tinto de verano.

—¿No te está dando como hambre, Luis? —me preguntó.

—Sí, claro, claro. Casi olvidaba que ni siquiera hemos almorzado, ¿qué quieres comer?

—Pues me provoca un plato de mariscos, o algo así, pero aquí en la playa deben ser carísimos.

—Mi amor, tú por eso no tienes por qué preocuparte, ¿qué te pido?

–Llama al mesonero a ver qué nos ofrece.

Entonces aproveché para volver a llamar al sujeto que había prometido traerme la cocaína; cuando se acercó, le dije que ni se le ocurriera mencionar nada de eso frente a Luciana; le llevó la carta, y tras deliberar el menú, Luciana pidió unos mariscos y un pargo.

–¿Tú también quieres pargo? –me preguntó.

–Sí, claro, pide lo mismo para los dos.

Esa comida a mitad de la tarde en compañía de Luciana, es una de las mejores cosas que me ha pasado en la vida; fue quizás el momento más acertado de toda mi vida desde que decidí meterme en el negocio de la droga.

[...]

Luego de un par de tragos volvimos a la cabaña a refrescarnos en el aire acondicionado. En el momento en que Luciana se metió a bañar en la ducha, tocan la puerta, y cuando abro, es el mesonero.

–Señor, ¿puedo? –preguntó.

–¿Conseguiste lo mío?

–Sí, aquí está. Yo no sé mucho de eso, pero esto fue lo que me dieron.

Cuando la observo con detalle, veo que es una bolsa diminuta casi con apenas un leve olor a una esencia de cocaína. Maldita sea, me hubiese traído de San Cristóbal –pensé.

–¿Eso fue todo lo que te dieron, estúpido?

–Sí, es que yo no sé lo que cuesta, nada, y usted me…

–Ya, ya, lárgate de aquí, que no quiero verte.

Y cerré la puerta. Me guardé la cocaína en el bolsillo, y esperé que Luciana saliera del baño para yo meterme; abrí la ducha para simular que me estaba bañando y comencé a jalarme la nariz; en segundos volví a la vida, me bañé, y salí a la habitación apenas con una toalla tapando mi cuerpo.

–¡Luis!, conchale, ¿no pudiste vestirte en el baño?

–Luciana, ¿vas a seguir? Ya me viste en la playa sin franela, ¿es que acaso no es lo mismo?

–No, porque aquí estás en toalla.

–¡Dios!, a veces siento que lo haces a propósito.

–No, claro que no, es que…

–Ya, ya, ya me visto.

Me puse rápidamente un short, y pensé en silencio: cómo quisiera llenar de cocaína a esta puta para cogérmela como a una bestia endemoniada.

–¿Qué haremos? –me preguntó.

–Saldremos a un bar que hay por aquí cerca a tomarnos algo y a bailar.

–¿Entonces, me arreglo?

–Tú puedes salir a la calle sin peinarte un solo pelo, sin ningún toque de maquillaje, y apenas con dos hojas cubriéndote tu cuerpo, y te seguirías viendo hermosa.

—¡Ay, Luis!, que labia tan arrecha tienes.

—Te estoy hablando en serio.

Luego de que Luciana terminó de arreglarse me cambié el short por una bermuda, me puse una camisa manga corta y salimos de nuestro nicho de amor. Caminamos un par de cuadras hasta llegar al pequeño barcito tradicional, donde pedí unos tragos de tequila.

—Luis, tú quieres emborracharme.

—Por Dios, Luciana, ¿es que acaso no venimos a pasarla bien?

—Sí, pero es que…

—Vamos a divertirnos, no pienses en nada más.

—Es que a veces no puedo dejar de pensar en Erika.

—Ya basta, Luciana. Ya te lo dije: todo eso ya terminó, y ya no hay absolutamente nada allí.

—Pero, tienes una hija.

—Eso no importa. Lo que importa es que ahorita estoy contigo, y lo que quiero es solo estar es contigo.

Nos sirvieron el tequila y luego de que nos tomamos un par de shots, yo pedí unos rones.

—¿Vamos a mezclar? —me preguntó. Llevamos vino tinto, tequila, y ¿ahora ron?

—¿Quieres seguir tomando puro tequila? —Le pregunté—.

—Tienes razón, cambiemos a ron mejor.

Luego de un par de tragos comenzamos a bailar,

y vi cómo Luciana ya empezaba a tambalearse; parecía que el alcohol comenzaba a hacer efectos en su cabeza, y cuando se puso más cariñosa de lo habitual, le sujeté la mano y le daba vueltas al bailar.

—¡Espera un momento!, me dieron ganas de ir al baño.

—¿Vas a dejarme aquí sola? –preguntó.

—No tardo un minuto, ya vengo, tranquila.

Fui al baño del pequeño bar, esnifé un par de rayas y nuevamente volví a salir.

—¡Vaya, eso fue rápido! –me dijo.

—Te dije que no tardaría.

Seguimos bailando y tomando ron, y a eso de las dos de la madrugada ya Luciana casi no podía sostenerse en pie; entonces, cuando le besé tentativamente los labios por primera vez y no me reclamó, empecé a bajar mis manos hasta acariciar su culo, ¡oh!, ¡maldita sea!, qué delicioso culo cuando lo meneaba con mis manos allí. Volví a besarla sin recibir ninguna objeción, y mientras bailábamos bien amacizados la apreté contra mí y le hice sentir mi erección; cuando la besé por tercera vez, ella me respondió apasionadamente el beso, y entonces hundí mi lengua lasciva en su boca abrazando su cuerpo con mayor intensidad.

—Volvamos a la habitación –le dije.

—No, no, ¿qué quieres hacer?

—Volvamos, estoy cansado, quiero acostarme.

—Está bien, está bien, vamos. Pero no va a pasar nada.

—No, no va a pasar nada.

Volvimos caminando tomados de la mano hasta la cabaña, y cuando ya estábamos dentro de la habitación, Luciana me dijo:

—Voltéate que voy a colocarme el pijama.

En ese momento me acerqué y comencé a besarla con intensidad; cuando le quité con fuerza la falda y le metí mis dedos en su vagina, Luciana comenzó a gemir.

—Te dije que no haríamos nada —musitó totalmente excitada.

Finalmente, la tiré a la cama, me deshice de sus pantaletas y comencé a chupar su vagina al punto que mi lengua en su clítoris la hacía gritar; de repente me sujetó con fuerza la cabeza y ella misma la empujaba hacía sus labios genitales. Entonces le quité la blusa, desaté los sostenes, y pude verla por fin allí tendida para mí solo; cuando contemplé su cuerpo desnudo por primera vez casi me vengo, y tuve que aguantar la excitación sacando mi pene para frotárselo por toda la cara. Mientras ella lo lamía como una chupeta, sentí esos instantes y esas imágenes eróticas como las emociones más placenteras que había sentido en toda mi vida. De inmediato, llevado por el fuego de la pasión la penetré y comencé a cogerla rítmicamente, dándole con tanta fuerza que Luciana no podía parar de gritar; nuestros cuerpos se entrechocaban con tanta violencia y fragor que las pieles mojadas producían sonidos absurdos producto de la intensidad, el sudor y la humedad. Entonces, finalmente la volteé, la puse en cuatro, la tomé del cabello, y la monté como a una yegua en celo hasta que Luciana se vino un par de veces acompasando sus orgasmos con los gritos, gemidos y jadeos que me excitaban aún más. Cuando ya no pude aguantarlo más tiempo, se lo saqué y me fui a acabarle en su cara descargando en la belleza de su rostro mi esperma cálido que tanto tiempo le había reservado; así, con esa mancha de semen en su rostro, decreté que esa puta ya era definitivamente mía.

GLOSARIO DE TÉRMINOS Y EXPRESIONES

Buscas las camisas con tu dicho o frase favorita en
https://www.shop.lashistoriasdelaciudad.com/

Ando pelando: Andar sin dinero
Anexo: habitación o apartamento
Arrechar: enojar, emberracar, excitar sexualmente.
Bachaquear: Contrabandear o revender alimentos y productos de primera necesidad
Bachaquero: Persona que se dedica a revender o contrabandear alimentos o productos de primera necesidad
Bajale dos: calmarse, tranquilizarse
Bajarlo: asesinarlo, matarlo, darlo de baja.
Batuquearme: Es un movimiento rápido, también se puede usar como ingerir la cocaína
Bolas: guevas, pelotas, testículos, arrojo, coraje, guapeza.
Burda e ladilla: Muy fastidioso
Cabellos churcos: Cabello ondulado, churco.
Caer a coba: Decir mentiras
Caer a palos: Tomar alcohol
Caer a pericos: Esnifar cocaína o perico
Caernos a perico: Ingerir perico en cantidades
Caerse a palos: Tomar alcohol
Carajito (a): niño o niña pequeña
Carajo: alusión negativa de una persona
Cayendo a paja: Diciendo mentiras
Chamos, chamitos: Así se llama a los jóvenes.
Chill: Tranquilo
Chiripita: Se refería al pene, como diminuto
Coger: fornicar, copular, relación sexual
Coñazo: golpe, puñetazo.
Coño e' madre: insulto, hijo de tu maldita madre
Crisiao: ansiedad de consumo, crisis por falta de droga
Echar birras: Tomar cerveza
Echarle bolas: Insistir, tener dedicación

Buscas las camisas con tu dicho o frase favorita en
https://www.shop.lashistoriasdelaciudad.com/

Enchufados: Allegados al gobierno
Engatusarlo/engatusar: Corromper, manipular.
Esnifar: inhalar cocaína por la nariz
Fino: Bien.
Full Boleta: Algo muy notorio
Guisao: Cuadrado, cocinado, definido.
Jalada: serie se jalones o "aspiraciones" de cocaína
Jalón: acción de inhalar cocaína
Jevas o Jevitas: mujeres, novias, damiselas o prostitutas
Joderse en la mano que da de comer: Traicionar al jefe o
persona que brinda apoyo
Ladilla: alguien fastidioso, molesto, desagradable.
Línea: Puede referirse a la línea de cocaína
Lucas: Dinero
Mamaguevo: Insulto coloquial
Marico: pana, compañero, amigo
Mariquear: arrepentir, echar para atrás, acobardar
Mariquito: Diminutivo de marico.
Me cargan a monte: Estar encima de una persona para que
realice algo.
Me cargan jodido: incumplir con el pago de las deudas
Me cargas: Me tienes
Menor(a): Mote genérico de las clases bajas.
Menor(b): Mote que emplean los malandros
Merca: la reserva de droga para vender, la mercancía
Meter unos reales: Invertir dinero
Pacos: autoridades policiales, policías, guardias.
Pajudo: Mentiroso
Palos: Cada palo son mil bolívares.
Pana o Parce: amigo, compañero de andanzas, camarada,
compinche
Pasapalos: Comida, sería el equitativo de tapas, o aperitivos
Pea: resca, borrachera, estado de ebriedad.
Pegar un quieto: Realizar un asalto

Buscas las camisas con tu dicho o frase favorita en
https://www.shop.lashistoriasdelaciudad.com/

Pegarle los mocos al techo: Andar exaltado.
Pegues: Estar drogado
Pelando: Sin dinero
Peos: problemas, conflictos, peleas
Perico: Derivados de la cocaína más impura
Piró: Mote genérico en masculino utilizado por delincuentes.
Piroa: Mote genérico en femenino utilizado por delincuentes
Platero: monto de dinero, cantidad de plata o dinero.
Ponerse con cómicas: Cambiar los términos de un acuerdo.
Rallar: Hablar mal de alguien
Rallas: Hablar mal
Ratón: guayabo, resaca
Rayado: Persona con mala reputación
Real: Dinero
Shots: cada trago de licor que se ingiere
Sifrinitas: Mujeres engreídas
Tigritos: Negocios
Tochada: tontería, bobada
Tranqué: Colgar.
Traqueto: comerciante de drogas ilícitas, narcotraficante.
Tripeo: salida de viaje, emprender un viaje
Un Pase: la dosis de cocaína que se aspira
Verga: Palabra genérica, se usa para cualquier referirse a cualquier cosa.
Volteadas: Borrachas.
Voltearle la cara: abofetear
Vueltica: Misión
White: la cocaína, la coca, la blanca
Yesquero: mechero, encendedor, candela
Zanahoria: Estarse sano, no meterse en problemas

LAS HISTORIAS DE LA CIUDAD

El mundo no es blanco y negro como las páginas de este libro.
Es de color gris. El bien y el mal aparecen muy borrosos
cuando la espalda está contra la pared. Como reaccionas ante la
adversidad, determina gran parte de tu destino.
Si, controlas tu destino, ¿qué vas a elegir?
El poder real viene con opciones y es por eso que el
conocimiento es poder. El mundo es grande, pero si no sabes
qué opciones existen más allá que las de tu área inmediata, no
tienes muchas opciones. Todo y todos están conectados de
alguna manera. Nuestra misión es conectar y comunicar para
crear un mañana mejor para todos y
cada vida que tocamos.

**Nos gustaría aprovechar esta ocasión para invitarle a
visitarnos en http://www.lashistoriasdelaciudad.com/**

**Manténgate en contacto con LHDLC y
Únete a nuestra lista de email en
http://www.lashistoriasdelaciudad.com/contact-us/**

The House of Randolph Publishing, LLC
1603 Capitol Ave.
Suite 310 A394
Cheyenne, Wyoming 82001

Email: info@lashistoriasdelaciudad.com

Voice #: 307-222-2788
Fax #: 307-222-6876

SOBRE EL AUTOR

Joaquín Matos es un escritor y periodista de Caracas, Venezuela. Su abuelo, un director de escuela, lo inspiró para escribir. La pasión de Joaquín por el arte se comentó después de escribir un poema precoz. Fue elogiado a nivel local y a pesar del reconocimiento, las condiciones socioeconómicas de Venezuela obligaron a Joaquín a desarraigar a su familia y trasladarse a Panamá. Actualmente escribe novelas y cuentos con un enfoque en personajes que pueden representar a muchas de las personas en este mundo, cuyas historias de otro modo no serían contadas.

Vea aquí más información disponible sobre Joaquín en
amazon.com/author/joaquinmatos

Leer parte 1
Por qué prefiero ser un narco: Es mejor que un ordinario

www.ingramcontent.com/pod-product-compliance
Lightning Source LLC
Chambersburg PA
CBHW050728030426
42336CB00012B/1468